Invertir en Bolsa

Aprenda las mejores Estrategias y la Psicología correcta para Invertir en el Mercado de Valores. Incluye Negociación de Acciones, Opciones, Forex (Divisas) y Trading Intradiario

Por

David Reese

Tabla de contenidos

Introducción   5

Capítulo 1: 30 lecciones para comenzar con la mentalidad y comprensión correctas 7

Capitulo 2:Tres maneras de poner en marcha tu experiencia en inversiones. 36

Capítulo 3:¿Qué es el mercado de valores? 45

Capítulo 4: ¿Qué es una salida a bolsa? 57

Capítulo 5 : ¿Qué son los fondos mutuos y como usarlos? ... 61

Capítulo 6 : Dónde comprar y vender acciones. 65

Capítulo 7: ¿Vale la pena invertir en acciones? 71

Capítulo 8 : Conceptos básicos de inversión - errores comunes. 84

Capítulo 9 :¿Cómo elegir un bien? acciones para invertir en Invertir en acciones. 95

Capítulo 10 : Cómo invertir grandes sumas de dinero. 104

Capítulo 11 : Cómo decidir si es el momento para comprar o vender una acción. 107

Capítulo 12 : Indicadores a considerar antes de invertir 137

Capítulo 13 : Cómo diversificar la inversión. 144

Conclusión 153

© Copyright 2018 por David Reese - Todos los derechos reservados.

El siguiente libro electrónico es reproducido con el objetivo de proporcionar información lo más precisa y confiable posible. En cualquier caso, la compra de este libro electrónico puede considerarse como un consentimiento para el hecho de que tanto el editor como el autor de este libro no son expertos en los temas tratados y que las recomendaciones o sugerencias que se hacen aquí son solo para fines de entretenimiento. Se debe consultar a los profesionales, según sea necesario, antes de emprender cualquiera de las acciones aprobadas en este documento.

Esta declaración se considera justa y válida tanto por la Asociación de Abogados de EE. UU. como por la Asociación del Comité de Editores y es legalmente vinculante en todo Estados Unidos.

Además, la transmisión, duplicación o reproducción de cualquiera de los siguientes trabajos, incluida información específica, se considerará un acto ilegal, independientemente de si se realiza de manera electrónica o impresa. Esto se extiende a la creación de una copia secundaria o terciaria del trabajo o una copia grabada y solo se permite con el consentimiento expreso por escrito del Editor. Todos los derechos adicionales reservados.

La información en las siguientes páginas se considera en general como una cuenta veraz y precisa de los hechos y, como tal, cualquier falta de atención, uso o mal uso de la información en cuestión por parte del lector rendirá cualquier acción resultante únicamente bajo su responsabilidad. No hay escenarios en los que el editor o el autor original de este trabajo pueda ser considerado responsable de cualquier dificultad o daño que pueda ocurrir después de asumir la información descrita en este documento.

Además, la información en las siguientes páginas está destinada solo para fines informativos y, por lo tanto, debe considerarse universal. Como corresponde a su naturaleza, se presenta sin garantía de su validez prolongada o calidad provisional. Las marcas comerciales que se mencionan se realizan sin consentimiento por escrito y de ninguna manera pueden considerarse un respaldo del titular de la marca.

Introducción

Felicitaciones por descargar Invertir en el Mercado de Valores para principiantes: estrategias y tácticas comprobadas y sencillas para convertirse en un inversionista inteligente con rentabilidad comercial siguiendo los trucos detrás del comercio hacia el éxito y la fortuna. El mundo de la inversión en acciones se está volviendo cada vez más caótico y la descarga de este libro es el primer paso que puede realizar para hacer algo al respecto. El primer paso también es siempre el más fácil, sin embargo, la información que se encuentra en los siguientes capítulos es muy importante y de tomar en serio, ya que no son conceptos que se puedan poner en práctica de inmediato. No obstante, si los archivas para cuando realmente sean necesarios, cuando llegue el momento de usarlos, te alegrará de haberlo hecho.

Con ese fin, los siguientes capítulos analizarán los principios de preparación primarios que deberás considerar si alguna vez esperas tener un éxito realista en el mundo de las inversiones. Esto significa que querrás considerar la calidad de tus acciones, incluidos los posibles problemas planteados por su valor actual, la mejor forma de utilizarlos en una emergencia para manejar efectivo rápido y cómo operar con ellos adecuadamente.

Con las acciones fuera del camino, aprenderás todo lo que necesitas saber sobre la inversión en una amplia variedad de mercados, incluyendo acciones, divisas y productos básicos. Para completar los tres requisitos principales para una inversión exitosa, aprenderás sobre los principios cruciales de administración de riesgos y lo que significarán para ti. Finalmente, aprenderás cómo invertir es la forma más rápida de alcanzar la libertad financiera.

Hay muchos libros sobre este tema en el mercado, así que gracias de nuevo por elegir este. Se hicieron todos los esfuerzos para garantizar que esté lleno de la mayor cantidad de información útil posible. ¡Que lo disfrutes!

Capítulo 1: 30 lecciones para comenzar con la mentalidad y comprensión correctas

Debido a las continuas dificultades que han involucrado a las bolsas de valores internacionales en los últimos meses, muchos han comenzado a hacerse la pregunta: "¿Es la inversión en acciones todavía la mejor estrategia para multiplicar mis ahorros?"

Los mercados financieros en general pueden ser una oportunidad extraordinaria: no solo las acciones, sino también las criptomonedas y las divisas pueden brindar una gran satisfacción, aunque si, de todos modos, es necesario tener una preparación antes de tomar decisiones precipitadas.

En este capítulo, aprofundizaremos en el tema y descubriremos las 30 lecciones de oro que todo inversionista debe conocer antes de ingresar al mercado de valores.

1. El dinero fácil es como Papá Noel: ¡no existe!

Quien promete quintuplicar sus activos sin sudar no es más que un vendedor de humo. Invertir en el mercado de valores no es una broma y para lograr los objetivos de inversión que tienes, prepárate para evitar valores de riesgo y céntrate en algo más estable, duradero y rentable. En la receta para el éxito, además de un conocimiento serio de los mercados de valores, también está el componente sentimental. Para aquellos que invierten, no hay lugar para el pánico; al contrario, necesitas mucha paciencia e incluso un poco de suerte.

2. El oro y el efectivo no dan intereses.

Todo el mundo sabe que el efectivo no desaparece, pero después de las extrañas maniobras del Banco Central Europeo (que generó rendimientos negativos en la moneda única), podemos estar aún más seguros de que invertir en efectivo no genera ningún interés. El sueño de todos es poder acumular la cantidad de dinero suficiente para disfrutar de una jubilación tranquila, pero a medida que se acerca el momento, el pequeño inversor tiende a entrar en pánico. Esto da como resultado opciones imprudentes para invertir en efectivo o en productos básicos como el oro, que, aunque resulta ser más estable que el dinero, no puede mantener el mismo valor para siempre. Solo piensa que en el último lustro, el valor del metal más precioso cayó en un 34.8%.

3. Los ingredientes para una estrategia ganadora.

Uno de los principales factores de éxito en la bolsa de valores es el sentimiento: la paciencia, la previsión y la prudencia son los tres ingredientes básicos de las estrategias ganadoras, pero también es cierto que un poco de riesgo nunca duele.

Si el dinero que hemos invertido en una determinada acción no regresa, deberías mirar a tu alrededor y encontrar alguna actividad ligeramente más riesgosa pero rentable, con la esperanza de que una inyección importante de dinero en los mercados pueda reiniciar la economía al estimular la productividad y el desarrollo.

4. Establecer metas de inversión.

Antes de comenzar a invertir y embarcarse en un camino largo y desafiante, debes tener una mentalidad clara de hacia dónde quieres ir. Depende de las aspiraciones personales, de la confianza que uno tiene para sí mismo y de muchos otros factores. Sin embargo, la opción principal está entre proteger el capital y hacerlo crecer. Bajo ciertas condiciones, la bolsa de valores también se presta al enfoque especulativo. Quien quiera comenzar también podría establecer objetivos concretos , como comprar un bien o un servicio. En cualquier caso, la regla es siempre la misma: entender a dónde se quiere llegar.

5. Establecer el grado de tolerancia al riesgo.

Esta es probablemente la fase más importante. El mercado de valores es, de hecho, muy variado y permite numerosos enfoques, desde los prudentes y estáticos a los dinámicos y valientes.

Por eso siempre es bueno establecer el grado de tolerancia. Sobre la base de esta decisión, se tomarán más decisiones hasta que se realice la inversión real. Los perfiles de los inversores dependen de las características personales y de su situación económica. Si eres un simple trabajador, no navegas en oro mientras que quizás para aquellos que invierten sus ahorros de toda una vida, es bueno renunciar a cualquier ambición especulativa. El grado de tolerancia determina el riesgo que pretende ejecutar y la estrategia que se adoptará más adelante.

6. Estudiando

El tema de la información no debe ser olvidado. El mercado de valores es complejo y estructuralmente riesgoso, por lo que debemos ser cautelosos. El riesgo es perder capital en un corto período de tiempo. Por lo tanto, es necesario emprender un curso de capacitación que confiera al menos las herramientas teóricas. El tema del estudio debe consistir en las modalidades de inversión, cómo se invierte y el entorno económico en general.

En cuanto a las fuentes, incluidos los textos impresos, los libros exitosos y el Internet, se tiene muchas opciones.

Sin embargo, la actividad de estudio nunca abandona al inversor, incluso cuando se ha convertido en un experto. Existe una necesidad urgente no solo de actualizarse continuamente, sino también de consultar todo lo que gravita en torno a los valores en el mercado.

7. Elige el largo plazo

Invertir en el mercado de valores no debe ser una actividad de unos pocos meses o incluso unos pocos años. Debe ser una actividad continua. Solo a través de la paciencia y la perseverancia es posible hacer ganancias sustanciales. Esto significa que necesitas construir una versión a largo plazo, que podría funcionar al menos durante los próximos cinco años (incluso diez son más adecuados). Esto significa que es bueno no ceder a la tentación de vender los valores tan pronto como los precios comiencen a caer. Como dice el famoso dicho: "El que ríe al último, ríe mejor".

8. Vigilancia

Si opta por una visión a largo plazo, como debería, entonces es esencial monitorear el estado de su inversión. No todos saben que el control y el monitoreo comienzan antes de la inversión en sí. En particular, es necesario establecer un punto de referencia (es decir, un criterio) mediante el cual es posible comprender realmente si estamos en el camino correcto o no. Finalmente, es bueno hacer una comparación periódica entre los resultados esperados y los reales. Al principio, existe una fuerte tentación de abandonarse al desaliento, también porque los resultados tienden a llegar más tarde en el tiempo.

Se puede hacer una consideración general sobre el segmento dentro del cual operar. De hecho, todo depende de la tolerancia al riesgo. Si esto es muy bajo, debe abordar aquellos segmentos que por su naturaleza no sufren la crisis. La referencia es a aquellos bienes cuyo consumo es prácticamente obligatorio, como alimentos y productos farmacéuticos. Invertir en compañías farmacéuticas no lo hará rico, pero es un activo muy útil para proteger el capital.Por extraño que parezca, pero hasta cierto punto, el segmento de alta tecnología (por ejemplo, teléfonos móviles, redes sociales, etc.) también desempeña un papel similar.

Invertir en el mercado de valores puede ser un negocio que puede aumentar su capital. Además del conocimiento técnico, necesitamos algunas habilidades morales: paciencia, perseverancia, lucidez, previsión. Todas las cualidades que deben ser cultivadas y que pueden hacer la diferencia. De lo contrario nunca tendrás buenos frutos, especialmente con un enfoque basado en la imprudencia, en la prisa, desde el frenesí del beneficio.

9. Utilizar el apalancamiento

Lo que, lamentablemente, muchos operadores no consideran es invertir en el mercado de valores o negociar en línea utilizando el apalancamiento. Para invertir en el mercado de valores con poco dinero, es necesario profundizar el estudio de esta herramienta, lo que nos permitirá exponer nuestro capital a un gran riesgo. Recomendamos el uso del apalancamiento solo con un capital reducido, llevado a cabo simultáneamente con un uso racionalizado de stop-loss y toma de ganancias. Además, siempre debe tener su presupuesto bajo control mediante una cuidadosa administración del dinero. Finalmente, antes de invertir en el mercado de valores, debe estudiar los mercados y todos los instrumentos financieros en los que desea invertir.

10. ¡No necesitas ser un gurú de las finanzas para invertir en el mercado de valores!

Obviamente, no te estamos diciendo que no se debe estudiar el mercado o que debes tener una base para la capacitación. Alguien que se aplique y siga los mercados, profundizando el tema, siempre sabrá más que otros.

Por lo tanto, siempre recomendamos seguir la ruta de capacitación de su corredor, lo que permitirá no cometer errores durante el proceso de inversión. Aprovechando las plataformas de demostración de comercio en línea, es posible simular la inversión y comprender dónde se cometen los errores y evitarlos al invertir con una cuenta real.

11. Utiliza solo corredores de confianza

Creemos que el mercado de valores no es un mercado para todos, sino para unos pocos elegidos. Por encima de todo, no podemos recomendar la bolsa de valores. Las inversiones en la bolsa de valores no pueden ser estudiadas, incluso los conceptos básicos y la formación. En este caso, es mejor dejar de lado lo propio, ya que no es posible confiar solo en la suerte.

Nuestro consejo es que te mantengas alejado si no tienes y no quieres aprender habilidades específicas. Si no tienes una educación básica, perderás todos los ahorros que inviertas en menos de un mes. Por el contrario, en cambio, recomendamos invertir en el mercado de valores con operaciones en línea y corredores regulados. Esto se debe a que, al estar regulado y sometido a controles estrictos, no ponen en riesgo el capital, y el agente te proporcionará una formación justa y completa. Luego encontrarás una lista completa de corredores regulados y autorizados para invertir.

12. Aprender análisis técnicos

El análisis técnico es el estudio de las tendencias de precios con el uso de gráficos. El interés de un analista técnico es buscar las configuraciones gráficas dibujadas por los movimientos de precios. La tendencia del mercado se evalúa para comprender los posibles movimientos futuros de los precios.

El análisis técnico puro no se basa en ningún fundamento de la actividad subyacente, pero aplica una serie de herramientas técnicas dibujadas en la tabla para permitir futuros cursos.

En el gráfico, los movimientos de precios generalmente están representados por barras o velas, lo que permite el análisis de precios en un período determinado llamado "período de tiempo".

En una vela, el cuerpo o la parte central representa la diferencia entre abrir y cerrar en un período determinado. Las sombras (es decir, los segmentos superior e inferior) representan la diferencia entre el máximo y el mínimo del período considerado y la apertura o el cierre de la vela.

Podemos tener velas mensuales, diarias, de 1 hora, 5 minutos o incluso más cortas.

Los diferentes colores de las velas indican un aumento o caída en el período. Por lo general, una vela verde representa un aumento en los precios, lo que significa que el precio de cierre de la vela es más alto que el de apertura, mientras que la vela roja representa una caída.

Los niveles de la tabla donde los precios encuentran un obstáculo se denominan "niveles de soporte o resistencia". Un "soporte" es el nivel en el cual un precio bajista detiene su caída y potencialmente "rebota" nuevamente. El soporte más importante se prueba repetidamente y se convierte en el nivel de soporte desde un punto de vista técnico. La 'resistencia' es lo opuesto al soporte. Es el nivel en el que un precio al alza encuentra un obstáculo para seguir subiendo y, en cambio, muestra un descenso. Incluso una resistencia probada varias veces adquiere una mayor importancia estratégica.

Cuando los precios determinan un nivel importante de soporte pero luego lo violan hacia abajo, este nivel de soporte se convierte en un área importante de resistencia. Lo mismo ocurre con una resistencia que, si se viola al alza, se convierte en un nivel significativo de soporte.

Hay muchos indicadores utilizados por los analistas técnicos para tratar de predecir los próximos movimientos de precios. Uno de los indicadores más utilizados es el "promedio móvil simple", que se calcula sobre una cierta cantidad de datos de precios y es móvil porque se mueve de un período a otro.

Dado un promedio de un período determinado, los datos más recientes se agregan cada vez, eliminando del cálculo los últimos datos de la serie. La media móvil se puede utilizar como soporte o resistencia dinámica. Los períodos más utilizados en el gráfico diario para el promedio móvil son 50, 100 y 200. Si los precios muestran una tendencia alcista importante, el promedio móvil será un soporte importante a mediano o corto plazo; inversamente, si los precios muestran una tendencia bajista, la movilidad media será una resistencia dinámica significativa.

13. Aprender análisis fundamentales.

A diferencia de la anterior, se basa en el estudio de la empresa y su mercado de referencia.

En la práctica, se basa en los datos del balance, en la capacidad y credibilidad de la administración, y en las tendencias del sector específico en el que opera la empresa. En este caso, también hay que tener en cuenta:

- inversión de valor;
- inversión de crecimiento; y
- inversión.

Todos los comerciantes tienen un estilo de inversión diferente. Cada comerciante tiene su propio procedimiento de inversión y cada uno tiene sus propias técnicas particulares, así como sus trucos particulares y sus "secretos" particulares.

Sin embargo, no te dejes engañar por la extraña idea de poder aprender a invertir leyendo artículos en Internet. Esto es imposible. Puedes encontrar excelentes consejos pero no la fórmula mágica .A lo mucho, podrías aclarar tu mente y darte una orientación general, pero para ser serio necesitas cosas más largas y profundas.

14. Analizar el estado del mercado.

Muy relacionado con el concepto de análisis técnico y análisis fundamental está el concepto de análisis del mercado general. No importa si eres un inversionista profesional o un principiante, este será el paso más difícil que necesitas entender.

En la práctica, es arte puro aplicado a instrumentos científicos. Primero debes comprender y analizar el mercado con el único propósito de formular un escenario de desarrollo plausible. Esto también significa acumular una enorme cantidad de datos y estadísticas sobre el desempeño de los valores y desarrollar la "sensibilidad" necesaria para elegir los realmente relevantes.

Si pones esto en práctica, también comprenderás por qué muchos inversores compran las acciones de una empresa en particular.

Al mismo tiempo, siempre aconsejamos que observes los productos que tienes en casa. Si bien este elemento puede parecer inusual, es muy importante comprender que tienes un conocimiento directo de muchos productos. En la práctica, te permitirá realizar un análisis rápido e intuitivo del rendimiento financiero de las empresas de fabricación, comparándolos con los de sus competidores.

Antes de invertir debes reflexionar sobre los productos examinados. Por ejemplo, trata de imaginar las condiciones económicas por las cuales puedes decidir dejar de comprarlos o aumentar o disminuir sus acciones. Este es un gran ejercicio para tener una idea de lo que una persona promedio necesita y trata como "importante".

15. Crear un plan de inversión.

Un paso muy importante. Debes crear un plan de inversión, pero para hacerlo debes, en primer lugar, comprender completamente por qué quieres invertir.

Debe saber cuánto puedes invertir y cuánto deseas invertir para lograr tus objetivos. También debes tener ideas claras sobre cuáles son tus objetivos.

Para hacer esto, siempre puedes usar una hoja de Excel o incluso una herramienta especial para calcular cuánto tendrás que gastar para lograr tus objetivos.

Con base en los ingresos que puede invertir, calcula el tipo de inversión. No puedes afirmar que deseas obtener $ 10,000 de una inversión, si lo que puedes invertir en transacciones en línea o en la bolsa de valores o incluso en otros sistemas, no excede los 1000 euros. Todo debe ser proporcionado. Comienza poco a poco y aumenta con el tiempo.

16. Entender la ubicación del activo

Definido como la distribución de liquidez en los diversos instrumentos de inversión disponibles, debes variar según la etapa de la vida en la que te encuentres.

Esto significa que si eres joven, el porcentaje de tu cartera de inversiones en relación con las acciones tendrá que ser mayor. Por el contrario, si tienes una carrera sólida y bien remunerada, ¡tu trabajo es como una obligación! Puedes usarlo para garantizar ingresos a largo plazo.

Aquí es cómo todo esto te permite asignar la mayor parte de tu cartera financiera en acciones.

Al mismo tiempo, debes comprender que si tiene un trabajo cuya remuneración no es predecible, como en el caso de que trabajes por cuenta propia, debes asignar la mayor parte de tu cartera financiera a productos más estables. En este caso, es mejor invertir en bonos, tal vez bonos del gobierno y no en acciones.

Sin embargo, al mismo tiempo, debes considerar que las acciones permiten un crecimiento más rápido de tus activos invertidos, pero tales situaciones conllevan un mayor riesgo.

17. Estudia el riesgo financiero.

Otro elemento a tener en cuenta al elegir invertir en una bolsa de valores es el riesgo financiero. Podríamos definirlo como el riesgo vinculado al hecho de que la inversión puede salir mal.

Esto también supone que el rendimiento es más bajo de lo esperado o que incluso podría volverse rojo.

Así que ten cuidado de no subestimar este elemento. Por otro lado, es un elemento que no es fácil de entender y aceptar. Al mismo tiempo, no es infrecuente, y es debido a las diferentes dimensiones que siempre es bueno saber.

El riesgo financiero tiene, de hecho, diferentes facetas. En la práctica, podría ser de diferente naturaleza:

- Específico: vinculado al rendimiento del instrumento único que compramos.
- Sistemático: vinculado a la oscilación del mercado financiero del gerente y vinculado a las habilidades de quienes manejan el suyo.

- Relacionados con el dinero: ya sea un administrador de fondos de inversión, un planificador financiero o un consultor en quien se ha confiado.
- Tiempo de mercado: la posibilidad de cometer errores al entrar y / o salir del mercado.
- Liquidez: la posibilidad de tener que vender una acción que tiene poco mercado (se llama título de poco líquido) y tener un precio bajo.
- Moneda: al comprar un valor denominado en moneda extranjera, el rendimiento también dependerá de la relación entre la moneda y el euro.

Analizado de acuerdo con estos elementos, el riesgo financiero es un poco más complejo que la simple posibilidad de que las cosas salgan mal. Comprenderlo y saber cómo manejar estos riesgos diferentes puede, por lo tanto, cambiar las probabilidades de que las cosas vayan bien a nuestro favor.

18. Analiza y descubre tu tolerancia al riesgo.

Otro elemento importante, incluso antes de comenzar a invertir en el mercado de valores, es analizar el apetito de riesgo.

Todos los instrumentos financieros se caracterizan por un riesgo diferente. Por ejemplo, el precio de una acción varía con el tiempo más que el de un bono.

Desafortunadamente, esto no debe ser considerado como un elemento reductor. El riesgo es mucho mayor de lo que parece al principio.

De hecho, al analizar un horizonte temporal a largo plazo y considerar una inversión en acciones de EE. UU. que históricamente han tenido un progreso muy bueno y, por lo tanto, se consideran una inversión segura, siempre debemos considerar el riesgo de que podamos incurrir en la pérdida total de capital invertido durante un período. Broma del mercado que no habías previsto! Por lo tanto, también debes considerar estos factores.

Aquí, es mejor considerar y analizar un aspecto de inversión más ambicioso. Esto significa considerar la cartera de inversiones y no el instrumento único.

Hasta la fecha, existen diferentes maneras de hacer que coexistan diferentes instrumentos; algunos de estos también son bastante riesgosos. Por el contrario, otros pueden considerarse menos riesgosos y, como tales, reducen el riesgo general de la inversión.

19. Mejora tu inteligencia financiera

No has nacido como comerciante, pero puedes serlo. Los inversores no nacen, sino que se convierten en uno. ¿Cómo? Estudiando y aplicando. Aquí, en este caso, los corredores te ofrecen la solución adecuada a tu problema. Los cursos de capacitación profesional, gracias a las lecciones en video gratuitas, como las que ofrece el corredor IQ Option, están dedicados por completo a los mercados financieros y al comercio en línea.

La competencia financiera toma en consideración dos aspectos muy importantes: la competencia y el tiempo. Estos son elementos muy importantes que realmente pueden cambiar las cartas en la mesa y hacer un estilo de inversión manejable y rentable que para otros podría convertirse en un baño de sangre que genere ansiedad.

Respecto al riesgo y su propensión a enfrentarlo, las preguntas a formular son 2.

- El primero es inherente a la cantidad de tiempo que puedes dedicar a aprender y, por lo tanto, a cuánta energía estás dispuesto a dedicar a tus inversiones; y

- El segundo es lo ansioso que estás por el dinero y la seguridad económica. En este caso, es mejor dejar de lado toda esta idea de inversión.

20. Comprar acciones de una empresa sin competidores.

Incluso este consejo puede parecer impropio, pero en realidad es muy efectivo.

Por ejemplo, nunca es recomendable invertir en aerolíneas minoristas y automotrices. En general, no se consideran buenas inversiones a largo plazo.

En la mayoría de los casos, estos son sectores comerciales en los que la competencia es muy alta. Esto significa que si miras sus balances, puedes ver cómo las ganancias son muy bajas.

En general, no inviertas en compañías que generan una gran parte de su facturación, específicamente cuando no han mostrado ganancias e ingresos constantes, incluso dentro de un largo período.

21. Mantente informado sobre las novedades en el mercado.

Siempre trata de encontrar toda la información posible antes de comprar cualquier acción. Elige solo empresas que tengan cierta solidez. Elije aquellos que tienen un precio momentáneamente más bajo que su valor real. Este concepto es la esencia detrás de las inversiones. Compra bajo y vende alto.

Consideramos que es la piedra angular de ser disciplinado en la realización de investigaciones, análisis de mercado relacionados y en la evaluación del rendimiento de una inversión al verificarla constantemente y realizar los cambios necesarios.

Un ejemplo serían las empresas con una excelente marca, que puede ser una buena opción de inversión.

Coca-Cola, Johnson & Johnson, Procter & Gamble, 3M y Exxon son todos buenos ejemplos.

22. No mires tu portafolio cada hora.

Esto se debe a que los mercados son volátiles. Por lo tanto, no tienes que verte afectado por el desempeño de las bolsas de valores mundiales, ya que de lo contrario podrías verte tentado a liquidar tus posiciones demasiado pronto y perderás una excelente oportunidad de inversión a largo plazo.

También debes considerar antes de comprar las acciones, preguntas tales como: Si el valor de mis acciones bajara, ¿estaría más inclinado a liquidar o comprar más?

Si decides liquidarlos, no compres ninguna otra acción.

23. Sé consciente de tus prejuicios y no permitas que las emociones influyan en tus decisiones.

Siempre debes creer en lo que haces y nunca sentirte abrumado por la emoción. Siempre cree en ti mismo y en la estrategia detrás de tus inversiones. Solo de esta manera, estarás en camino de convertirte en un inversionista exitoso.

Todas las bolsas de valores, como Wall Street, se centran en inversiones a corto plazo.

Por esta razón, es difícil predecir posibles beneficios futuros, en caso de que se proyecten a largo plazo.

Para calcular el objetivo de tu inversión (el precio al cual vender tus posiciones), haz pronósticos con un horizonte de tiempo de más de 10 años y actualízalos con el tiempo utilizando el DCF.

24. Invertir en aquellas empresas que tienen un alta estima por los accionistas.

En la mayoría de los casos, las compañías prefieren gastar sus ganancias comprando un nuevo jet personal para el CEO en lugar de pagar dividendos a los accionistas.

Un sistema de remuneración orientado a la gestión a largo plazo, "gasto en acciones", incluso si se trata de una política de inversión de capital prudente, una política de dividendos confiable, una ganancia para las acciones de crecimiento y la BVPS ("Valor de libros por acción"), son todos los indicadores de una empresa orientada hacia sus accionistas.

25. Pruebe el "comercio de papel"

En este caso, es una simulación de inversiones. En la práctica, esta herramienta realiza un seguimiento del precio de las acciones y de todas sus transacciones de compra y venta, como si realmente las estuvieras operando en el mercado.

Al mismo tiempo, puedes verificar tus inversiones si han generado un beneficio o no.

Una vez que hayas identificado una estrategia confiable y rentable y te sientas cómodo con el funcionamiento natural del mercado, puedes pasar a la fase operativa real.

Finalmente, recuerda que no estás comprando y vendiendo pedazos de papel sin valor; y el precio sube y baja con el tiempo. Estás comprando acciones en empresas reales.

Tu decisión de comprar las acciones de una compañía en particular debe estar influenciada solo por dos factores: la solidez económica de la compañía y el precio de sus acciones.

26. Enfoca tus pensamientos

Al analizar el mercado, siempre debes tratar de formular un escenario de desarrollo plausible y, en consecuencia, identificar los buenos valores para invertir. Estamos seguros de que este pasaje sirve al proporcionar algunos pronósticos en algunas áreas específicas.

Un ejemplo sería la tendencia en las tasas de interés y la inflación, y la forma en que estas variables pueden afectar el rendimiento de los productos financieros de tasa fija u otros activos. Al mismo tiempo, cuando las tasas de interés son bajas, se podría esperar que los consumidores y las empresas puedan acceder al efectivo y al crédito con mayor facilidad.

En la práctica, todo esto significa que las personas tienen más dinero para usar en sus compras y, por lo tanto, tienden a comprar más.

Al mismo tiempo, las empresas, gracias a los mayores ingresos, podrán invertir con el objetivo de ampliar sus actividades.

Ocurre lo contrario en el mercado de valores. Las bajas tasas de interés conducen a un aumento en el precio de las acciones. Al mismo tiempo, una alta tasa de interés genera una disminución en el valor de las acciones.

En un momento en que las tasas de interés son altas, la inversión se vuelve mucho más cara. Por lo tanto, podrías intentar invertir en acciones que ofrezcan un mejor rendimiento para ti, pero que no sean tan pesadas para los consumidores.

Un buen ejemplo podrían ser las acciones de un banco. Si inviertes en las acciones de un Banco X porque las tasas de interés son altas, también debes considerar las tasas de interés que se aplican a aquellos que solicitan una hipoteca, por ejemplo. En este caso, una tasa de interés para un alto mundo pronto hará que las acciones del

Banco se colapsen porque no es conveniente para el prestamista. Entonces evalúa siempre todos los factores.

En resumen, los consumidores gastan menos y las empresas tienen menos liquidez para las inversiones y, por lo tanto, hay una desaceleración en el crecimiento económico o incluso un estancamiento.

27. Crea una lista de deseos.

Para poder establecer tus metas financieras, siempre debes tener una idea precisa de las cosas o experiencias que deseas poseer. Siempre puedes elegir solo lo que deseas experimentar en la vida y para lo que necesitas ganar dinero.

Debes tener una lista de todo lo que deseas obtener de esta inversión y luego elaborar una alineación para garantizar tus objetivos.

28. Diversifica tu portafolio.

Los inversores con experiencia como Warren Buffett recomiendan diversificar las inversiones. Una opción que sirve para gestionar los riesgos de una mejor manera, como lo hacen los más prudentes que se centran en compañías de diferentes industrias y países, con la esperanza de que un mal evento no dañe todos sus títulos:

"Imagínate que posees cinco compañías diferentes. Al final del año, las compañías A y B obtuvieron buenos resultados y aumentaron el valor de las acciones en un 25%. C y D en cambio aumentaron un 10%. Mientras que E tuvo la mala suerte y terminó en liquidación. En este caso, la estrategia de diversificación lo ayuda a recuperar las pérdidas de tu inversión total.

29. Comprender los principales instrumentos financieros.

Entre las muchas soluciones que están disponibles para aquellos que pretenden invertir, queremos hablar sobre: Forex, opciones binarias, ETF y productos básicos.

Procediendo por orden, aclaramos cómo funcionan las inversiones en Forex. Es el mercado más grande del mundo hoy en día. Si bien es sencillo depositar y, por lo tanto, invertir en la proporción de monedas, se sabe que los rendimientos son tan altos como la misma medida de pérdidas. Es por esta razón que siempre se recomienda a los expertos que aprovechen las demostraciones para el aprendizaje general antes de continuar con el uso de dinero real. En cualquier caso, es un consejo para los principiantes que se centren solo en el rendimiento de un par de divisas, recordando incluir el límite de pérdidas en la posición abierta para evitar pérdidas demasiado grandes.

Con respecto a las inversiones en opciones binarias, estas están disponibles para cualquier persona, como la solución anterior, siempre que se preste cierta atención en estas circunstancias. Este sistema de inversión se refiere al lanzamiento de pronósticos dirigidos a la realización de una cierta seguridad en un período de tiempo determinado. Se espera que el curso a veces sea positivo o negativo y dependerá del comerciante que pueda pasar de un mínimo de 60 segundos a meses. Si el pronóstico es correcto, habrá beneficios bastante interesantes. Incluso aquí, para no enfrentar sorpresas desagradables, lo mismo ocurre con el tipo de inversión anterior.

El ETF, los fondos listados en tiempo real que mencionamos, que replican el índice de una determinada canasta de valores, permiten invertir incluso con pequeñas cantidades a costos más bajos que los fondos tradicionales. Con estos, puedes comerciar en una amplia variedad de índices, tales como mercados emergentes, áreas geográficas completas, estados individuales, compañías cotizadas y más. Las ventajas de invertir utilizando ETFs residen no solo en su conveniencia, en ser muy líquidos y negociables como acciones, sino también en los respectivos activos independientes del emisor.

30. Considera que es un asunto serio.

Creo que cualquiera puede aprender a intercambiar opciones, divisas (Forex), materias primas o criptomonedas. De la misma manera, estoy convencido de que con este sistema puedes ser financieramente libre.

Pero hay que abordarlo como un asunto serio.

Permíteme hacerte una pregunta: ¿cuánto estudiaste o trabajaste para lograr la experiencia que tienes en tu trabajo actual? Me imagino que estamos hablando de varios años y todavía miles de horas de estudio y práctica.

El comercio no es diferente. Al comerciar, compites contra muchas personas que lo hacen por profesión; por lo tanto, debes tener humildad, trabajo, perseverancia, inteligencia y método. Si realmente solicitas, en unos pocos meses puede decidir renunciar a tu trabajo porque puedes ganar mucho dinero con algo que requiere compromiso y constancia, pero sin estresarse ni tener que pasar todo el día en los sitios de comercio.

Capitulo 2: Tres maneras de poner en marcha tu experiencia en inversiones.

¿Estás buscando inversiones seguras y rentables? Encontrar soluciones de este tipo no es fácil, lo sabes muy bien y es por eso que decidiste aprofundizar con el teléfono inteligente, la PC o la tableta.

En este capítulo, hemos decidido proporcionarte 3 soluciones concretas para invertir de inmediato, sin hacer colas interminables en el banco y sin perder el control de lo que haces.

Las estrategias que sugerimos están ordenadas de acuerdo con el perfil de riesgo, por lo que partimos de las menos riesgosas y luego las más agresivas.

Lo hemos escrito en varios libros de esta serie, lo subrayamos aquí también por razones de seguridad: <u>no hay inversiones seguras y al mismo tiempo con rendimientos de dos dígitos.</u> Los tiempos de los bonos gubernamentales y los generosos cupones postales han llegado a su fin, la situación económica actual ve el interés en mínimos históricos debido a las maniobras del BCE en los últimos años.

En resumen:

Pocos riesgos = Pocas ganancias

Muchos riesgos = ganancias potencialmente mayores pero altas posibilidades de enormes pérdidas

Llegamos ahora al mérito de nuestra discusión. Aquí están las mejores soluciones para invertir que hemos elegido para ti.

1. Santander Consumer Bank es la cuenta de depósito más remunerada.

¿Estás buscando una garantía de capital del 100%? La cuenta de depósito es la mejor solución incluso si, a la luz de las consideraciones hechas anteriormente, no tienes que esperar devoluciones de dos dígitos.

La mejor cuenta de depósito del momento es la de Santander Consumer Bank, que ofrece un 1.8% anual en depósitos a 36 meses.

Las ventajas de la oferta de Santander se resumen a continuación:

- 100% de seguridad;
- Apertura en línea: sin estrés, si es de una PC, solo tienes que rellenar un formulario (puedes hacer lo

mismo si estás en un teléfono inteligente) y simplemente dejar un poco de información. El procedimiento se completará por teléfono a la hora indicada.
- Sin penalización en caso de salida anticipada: si retiras dinero antes de la hora programada, no pierdes nada.
- Costos de apertura y gastos de gestión: no tienes que pagar nada para ganar dinero.

A todo esto, debemos agregar que Santander también ofrece la opción sin restricciones que te permite recibir un 0,5% anual en sumas gratuitas. Esta opción puede combinarse con la vinculada: por ejemplo, de los 30 mil euros, 20 mil se pueden amarrar a una tasa de interés del 1,8%, mientras que los 10 mil restantes restantes reciben el 0,5%.

Santander es una institución sólida, activa en todo el mundo con 122 millones de clientes y más de 160 años de historia, y ahora es la mejor solución para aquellos que buscan una cuenta de depósito sin riesgos ni preocupaciones.

2. MoneyFarm: la alternativa tecnológica para depositar cuentas

Moneyfarm es una startup estadounidense que ha creado una plataforma conveniente para invertir en línea: es segura y fácil de entender, también lo hemos explicado en nuestra revisión.

Puedes ganar hasta el 5.41%.

Las cuentas de depósito bancario, en esta etapa, tienen rendimientos que solo en algunos casos superan el 1.5%. Si estás buscando seguridad granítica, vuelve al párrafo 1 donde hablamos de Santander.

Sin embargo, si estás buscando una mejor rentabilidad con el mismo riesgo, debes prestar atención a lo que estás leyendo. MoneyFarm, de hecho, es una alternativa a las cuentas de depósito porque ofrece inversiones equilibradas con un grado de riesgo casi similar.

Al inscribirse en MoneyFarm tienes las siguientes ventajas:

- Asistencia personal de un equipo de asesores competentes;
- Elijes dónde invertir rellenando el cuestionario en el que indicas tu grado de riesgo;

- Puedes comenzar a probar la bondad de la plataforma incluso con un pequeño capital: solo $500 son suficientes para probar.

Con MoneyFarm puedes planificar tus inversiones y ganar hasta un 5.41% por año, eligiendo la composición de tu cartera en función de tu perfil de riesgo.

Moneyfarm pretende invertir en fondos con menores costos operativos y garantizar la máxima transparencia a los clientes.

Puedes comenzar a invertir de inmediato, incluso con $500. Antes de elegir la estrategia, el equipo de expertos te ayuda a planificar tus objetivos exactamente.

El registro es gratuito: se necesitan 3 minutos para hacerlo. También puedes probarlo en un teléfono inteligente, ya que es realmente fácil de usar.

A diferencia de muchas plataformas estructuradas para inversiones de alto riesgo (piensa en operaciones u opciones), Moneyfarm te permite operar incluso si tienes poco apetito de riesgo y es, sin duda, una alternativa real a las cuentas de depósito u otros productos bancarios que hacen mucho menos.

Los portafolios son monitoreados constantemente por un equipo de expertos y la asistencia gratuita está garantizada durante toda la relación.

Es posible utilizar el servicio de chat en vivo o concertar una cita telefónica gracias a un número especial gratuito. La seriedad está certificada por los premios y reconocimientos obtenidos por los principales expertos financieros internacionales y las opiniones en la web que son definitivamente positivas. También eliges cuánto estás dispuesto a arriesgar, y el personal te ayuda a planificar la ruta paso a paso.

3. Social Trading

En comparación con la solución anterior, nos enfrentamos a una forma decididamente más riesgosa: subrayémosla de inmediato, para evitar malentendidos. Si te interesa el mundo de las finanzas, sigue leyendo atentamente porque encontrarás lo que estabas buscando.

¿Alguna vez has tratado de acercarte al comercio en línea? Si lo hiciste y te diste por vencido, lo más probable es que hayas encontrado las dificultades de un mundo donde solo los operadores profesionales, es decir, quienes tienen experiencia, años de estudio y tiempo para monitorear constantemente, saben lo que está sucediendo en el mercado en el que operan.

El comercio social del que queremos hablar está creado para resolver esta brecha de habilidades entre inversores profesionales y no profesionales. eToro, la primera plataforma de comercio social, te permite realizar operaciones de copia: en otras palabras, puedes copiar las estrategias ganadoras de los principales operadores emulando sus éxitos.

El principio es simple: al invertir como el mejor, ganas como el mejor.

¿Cómo funciona eToro?

eToro permite a sus miembros copiar las estrategias de los mejores comerciantes estadounidenses y mundiales, llamados inversores populares. Los mejores operadores están certificados y elegidos entre los mejores que invierten a través de la plataforma.

En particular, puede ordenarlos y seleccionar los que más te interesen de acuerdo con dos criterios:

Ganancia simple: ve quién hizo la mayor cantidad de dinero en un período de tiempo determinado (6 meses, 12 meses, 24 meses) y copia de aquellos que hayan logrado ganancias del 25%;

Riesgos: si desea adoptar una estrategia más conservadora, solo necesitas hacer copias de los comerciantes que dicen que corren menos riesgo para limitar su exposición a las pérdidas.

Con eToro es posible invertir en los siguientes mercados:

- cepo;
- forex
- Criptomonedas ;
- productos básicos
- CFD

Por supuesto, copiar de lo mejor no elimina completamente los riesgos porque las ganancias pasadas no son una garantía para el futuro. Sin embargo, estarás de acuerdo en que cuando decides dedicarte, el riesgo financiero es parte del juego y con el comercio social, tienes la oportunidad de eliminarlo en la fase inicial y aprender de los mejores.

Ya hay 4.5 millones de inversionistas que han confiado en el comercio social para invertir como el mejor: si las finanzas te fascinan y no crees que tengas una gran experiencia, eToro es la solución más efectiva para comenzar a invertir.

Para empezar, solo necesitas:

- Crea una cuenta eToro;
- Elejir el comerciante para copiar, teniendo cuidado de seleccionar uno con una estrategia similar a sus objetivos;
- Decidir cuánto invertir: $ 190 es suficiente para comenzar a copiar de los mejores.

eToro es un sistema de ganar-ganar diseñado para compartir conocimiento y ganancias y es la mejor manera de debutar en el mercado de valores.

Capítulo 3: ¿Qué es el mercado de valores?

Todos o casi todos ya han oído hablar de la bolsa de valores o de sus activos más populares, como el MIB 30 y otros índices o acciones de las principales compañías globales.

Pero pocos entre los no profesionales realmente saben el significado de estos términos técnicos y que (erróneamente) se consideran reservados para los operadores más agresivos.

De hecho, el intercambio es un mercado accesible para todos, ya sea a través de productos bancarios, como cuentas de valores o planes de acumulación, o mediante una plataforma de negociación en línea.

Una breve descripción del mercado de valores.

Contrariamente a lo que uno podría pensar, la historia de la bolsa de valores es bastante antigua, aunque su concepto ha evolucionado en gran medida con el tiempo. De hecho, la bolsa de valores hizo su aparición en el siglo XIV en Bruselas, Bélgica.

Hoy en día, incluso si el mercado de valores es siempre un lugar de intercambio, es ante todo un inmenso mercado en el que se intercambian valores financieros. Estos valores financieros pueden estar relacionados con acciones de grandes compañías, bonos, divisas o incluso materias primas como el oro o el petróleo.

Sin embargo, en este caso no se trata de intercambiar productos físicos o mercancías, sino solo de valores que representan un cierto valor evolutivo.

Funcionamiento general del mercado de valores.

Por lo tanto, las acciones podrían definirse como un mercado en el que se encuentran compradores y vendedores. Pero, a diferencia del mercado tradicional, no son los vendedores quienes deciden el precio de sus valores, sino los compradores.

Es entonces el libro de órdenes que contabiliza los precios decididos de esta manera.

En última instancia, cuanto más se requieren los valores de un mercado de valores por parte de los compradores, mayor será el precio. Por el contrario, cuando la demanda es más débil, sus precios caen.

El mercado de valores en el que pueden negociarse los valores también se denomina "mercado primario". Por lo tanto, es en este mercado que las empresas pueden emitir lo que se denominan "acciones", que luego son compradas por inversionistas, particulares o profesionales.

Gracias a estas compras de valores, las empresas pueden obtener el dinero necesario para realizar inversiones.

Pero las acciones no son los únicos activos negociados en este mercado, ya que también puede haber bonos o valores financieros.

El interés de los inversionistas es especulativo dado que compran un valor a un precio considerado más bajo que el precio que posteriormente podría alcanzar una ganancia o recibir lo que se denomina "dividendos" según el desempeño económico de la compañía emisora de estos valores que se convierten en "accionistas".

Un mercado con alcance internacional.

Gracias a este sistema de valores y al advenimiento de las nuevas tecnologías, el mercado de valores se ha desarrollado fuertemente a escala internacional. Hoy en día hay casi tantas bolsas de valores como países capitalistas, aunque en la mayoría de los casos este mercado es virtual y no incluye "salas de negociación" físicas, estas últimas reemplazadas por complejas redes de computadoras.

Para comprender mejor la importancia de la bolsa de valores, tienes que saber que en el centro financiero de Milán, se intercambian miles de millones de euros todos los días.

Horarios de negociación en bolsa.

Tal vez no lo sepas, pero el comercio en la bolsa de valores ofrece la posibilidad de negociar en línea de forma continua o las 24 horas del día, gracias a la superposición de los horarios de apertura de los diferentes mercados bursátiles internacionales. De hecho, los grandes centros financieros del mundo son ocho y sus horarios comerciales se enumeran en tres sesiones principales: la sesión asiática, la sesión europea y la sesión norteamericana.

Pero también debemos tener en cuenta las horas legales y solares que no son las mismas según la zona horaria. Echemos un vistazo a las zonas horarias más influyentes para el mercado de valores.

La sesion asiática

Al comienzo de la semana, la sesión asiática es la primera en abrir. Esta sesión incluye los centros de bolsa de Japón, China, Australia, Nueva Zelanda y Rusia, así como otros centros más pequeños. Los activos asiáticos y los pares de divisas, incluidas las monedas de estos países, son por lo tanto los más volátiles en estos tiempos. Lo mismo se aplica a las publicaciones económicas.

Las horas de negociación de la sesión asiática son las siguientes:

- Horario de apertura del mercado asiático: 4 en verano y 3 en invierno.
- Hora de cierre del mercado asiático: 8 en verano y 7 en invierno.

La sesión europea:

La sesión europea es obviamente la más interesante para los inversores europeos. Es la segunda que se abre después de la sesión asiática y también agrupa varias bolsas de valores importantes, entre ellas Italia, Francia, Alemania, Suiza o el Reino Unido. Cabe señalar que el centro financiero de Londres es el más grande del mundo y más del 30% de las transacciones financieras se realizan en este centro todos los días. Por lo tanto, los volúmenes de negociación son muy altos durante la sesión europea y, por lo tanto, implican movimientos extremadamente volátiles e interesantes en términos de negociación.

Las horas de negociación de la sesión europea son las siguientes:

- Horario de apertura del mercado europeo: 12.00 en verano y 12.00 en invierno.
- Hora de cierre del mercado europeo: a las 16 en verano y a las 17 en invierno.

La sesión norteamericana:

Finalmente llega la sesión norteamericana, que es por lo tanto la última en abrir y cerrar el ciclo del mercado. Obviamente, esta sesión también es una de las más seguidas por los comerciantes de todo el mundo porque es durante este período que se negocian los activos de los Estados Unidos. Esta sesión incluye los mercados financieros de los Estados Unidos, pero también de Canadá, México y los países de América del Sur. Es en el mercado de valores de Nueva York que la volatilidad es mayor en este momento del día.

Las horas de negociación de la sesión norteamericana son las siguientes:

- Horario de apertura del mercado norteamericano: 17 en verano y 17 en invierno.
- Hora de cierre del mercado norteamericano: a las 21 en verano y a las 22 en invierno.

Historia y conocimiento general.

La Bolsa de Valores es el mercado donde los vendedores y compradores pueden intercambiar valores, divisas, servicios y bienes. La bolsa de valores se convierte así en un lugar importante para poner a las empresas en contacto, buscando recursos para respaldar su producción e inversionistas.

Ya en la Edad Media, la Beca reunió a comerciantes y notarios que se dedicaron a actividades mercantiles y financieras.

En el siglo XII, Venecia se convirtió en la principal plaza italiana. Aquí se presentaron algunas innovaciones que luego fueron adoptadas por otras ciudades, como la negociación de la deuda pública y el giro del proyecto de ley.

Brujas, en Flandes Occidental, es la primera ciudad europea en tener un lugar físico para el intercambio, donde la venta se realiza de acuerdo con las nuevas reglas de la bolsa de valores. La revolución industrial lleva al nacimiento de la bolsa de valores moderna en Italia, siguiendo el ejemplo de Brujas (Trieste, Roma, Milán, Florencia, Nápoles, Turín, Génova, Bolonia, Palermo y Venecia).

Podemos distinguir dos tipos de mercado basados en los servicios y productos intercambiados:

- la bolsa de valores
- El intercambio de materias primas.

La Bolsa de Valores es el mercado en el que se intercambian los instrumentos financieros que ya están en circulación, como bonos, acciones, futuros, warrants, etc.; como consecuencia, la bolsa de valores es un mercado secundario (en los mercados primarios, los inversores compran los bienes tan pronto como llegan al mercado).

En la bolsa de productos, la venta involucra bienes de diferentes tipos, colocados en almacenes apropiados. Aquí los compradores y vendedores pueden intercambiar las políticas de depósito, que garantizan la presencia de los productos y el derecho de desistimiento.

La venta y compra de valores en circulación está regulada por reglas precisas. Una vez que terminó el sistema de la subasta a pedido, donde los agentes intercambiaron documentos en papel, el mercado tiene lugar a través de un circuito electrónico donde también es posible intercambiar bonos del Estado y otros bonos.

Entre los principales tipos de acciones, distinguimos las ordinarias, ya que asignan derechos administrativos y financieros precisos al titular (derecho a votar en las reuniones, a solicitar asamblea, liquidación, opción, etc.).

Las acciones preferentes (acciones preferentes) garantizan los derechos especiales de propiedad de los propietarios; En el caso de disolución de la empresa, por ejemplo, se otorgan "privilegios" en la distribución de beneficios (según lo dispuesto en los estatutos de la empresa).

Las acciones de ahorro otorgan derechos de propiedad sobre los activos; sin embargo, excluyen los derechos administrativos, incluido el derecho a votar.

Las acciones de Poster-gate contemplan limitaciones en los derechos administrativos y patrimoniales (generalmente excluyendo los derechos de voto).

Las acciones con voto limitado incluyen restricciones especiales sobre los derechos administrativos, como la votación limitada a ciertos temas. De acuerdo con la ley estadounidense, deben garantizar privilegios de propiedad al propietario.

Como se mencionó anteriormente, el mercado financiero está estructurado en centros financieros, donde se tratan diversos servicios financieros.

El centro financiero más grande es Nueva York, donde se encuentra la NYSE (la Bolsa de Valores de Nueva York de todos los productos básicos), el Nasdaq (acciones tecnológicas) y el AmEx (la Bolsa de Valores de los Estados Unidos que recopila muchas pequeñas compañías de capitalización que venden valores de diversos tipos).

Otros centros financieros importantes incluyen Tokio y Londres (los más importantes de Europa).

Diferentes tipos de inversión.

Ahora que hemos entendido qué es el mercado de valores, analicemos otras tres formas de invertir tu dinero antes de continuar. Hay 3 tipos de posibilidades que queremos discutir. En particular, estas son opciones de negociación, compraventa de divisas y transacciones diarias.

Opción de comercio

Las opciones son un gran instrumento financiero que permite a los inversionistas comunes obtener un mayor ingreso de su inversión. Con el comercio de opciones, tiene la posibilidad de apostar en contra o en favor de una acción y ganar dinero tanto en la subida como en la baja. El capital expuesto es mínimo y los rendimientos pueden ser grandes. Requiere un poco más de trabajo que solo comprar una acción y mantenerla, pero también es un camino que se puede seguir.

Operaciones de cambio

Cuando la gente piensa en el comercio, la mayoría piensa en el mercado de divisas. Las operaciones de cambio permiten a las personas especular sobre las variaciones de valor de las diferentes monedas. Este es el mercado más grande disponible y cuenta con millones de comerciantes. Es algo que deben hacer solo los profesionales o los comerciantes con mucha experiencia, ya que el 99% de las personas que invierten en forex pierden dinero con el tiempo. Si quieres probarlo, hazlo bajo tu propio riesgo y con una pequeña parte de tu cartera.

Dia de cambio

Cuando inviertes en una acción, por lo general, piensas en mantenerla durante algunos meses o incluso algunos años. Con el comercio diario, en cambio, la acción es mucho más rápida y todo sucede en el mismo modo. Con el día de negociación, estás operando en el mercado de valores o en el mercado de divisas, pero estás realizando muchas operaciones todos los días (de ahí proviene el nombre). Por supuesto, al operar durante el día usted estás arriesgando mucho más que con un enfoque común de "comprar y mantener", pero el rendimiento puede ser mayor.

Capítulo 4: ¿Qué es una salida a bolsa?

Una buena definición de OPI es la Oferta Pública Inicial. Es un instrumento regulado por la ley a través del cual una empresa obtiene la difusión de sus títulos entre el público. Utilizando lo que técnicamente se llama la creación del flotador, la compañía obtiene el listado de sus valores en el mercado regulado.

Algunos de estos términos pueden parecer difíciles. Para aquellos que solo son principiantes, podemos decir que la OPI es una solicitud de inversión. Por lo tanto, la oferta pública inicial es una verdadera invitación a invertir. Habiendo aclarado el significado de OPI, sigamos adelante.

¿Cómo funciona la oferta pública inicial? El contexto legislativo de esta solicitud está representado por la Ley de Finanzas Consolidada (Decreto Legislativo 58/1998). Esta ley prevée toda una serie de disposiciones sobre información y transparencia. El público indistinto de los sujetos potencialmente interesados en la OPI (destinatarios de la oferta) tiene derecho a conocer toda la información útil para decidir si unirse a la OPI con plena conciencia.

El proceso de salida a bolsa es decididamente largo y complejo. Por reglamento, la OPI prevé la participación de una serie de temas muy diferentes. Los siguientes sujetos participan en las diversas fases de la Oferta Pública Inicial:

- la empresa emisora.
- el coordinador global
- el patrocinador.
- el especialista.
- el asesor financiero.
- los bufetes de abogados a cargo.
- los miembros del consorcio de colocación.

Cuando uno se pregunta cómo funciona la OPI, debe notarse que la primera fase del proceso está representada por el envío a la SEC de la comunicación previa de la compañía en cuestión. La comunicación previa es un documento oficial que la empresa presenta a la SEC. La misma compañía que pretende cotizar en la bolsa de valores es responsable de elaborar el Folleto de acuerdo con el marco legal.

De lo que hemos dicho, es fácil deducir que una OPI puede durar incluso un mes. Si luego considera todo el procedimiento de admisión al mercado de valores, también puede llegar a 4 o incluso 6 meses. En resumen, antes de apostar en el rendimiento de lo que se enumera, uno debe dejar pasar un poco de tiempo. Esta prolongación, por supuesto, también tiene un impacto en la posibilidad de cotizar en las acciones de esa compañía mencionada.

Construyendo una salida a bolsa

Al referirse a este método para fijar el precio de la oferta en la bolsa de valores, la primera pregunta se refiere a la definición de creación de libros. Con este término extraño, indicamos el proceso mediante el cual se redacta el formulario de solicitud de los inversores institucionales que han enviado una orden en relación con una transacción de oferta de seguridad. A través de este proceso se establece el precio de los mismos valores.

La creación de libros de OPI permite la formación del rango de precios a través de la demanda expresada por los propios inversores institucionales.

El coordinador global gestiona este proceso. Esta figura tiene la tarea de recopilar todas las órdenes de compra / suscripción de los inversionistas institucionales en un libro llamado libro institucional. Los pedidos se recogen en función del precio o el tiempo de prioridad o tamaño. Cada pedido puede expresarse en número de acciones o en valor de contador. Por último, cada pedido está vinculado al límite de precio indicado por el originador. A través de este proceso es posible dibujar una curva que muestre el precio de la OPI.

Capítulo 5 :
¿Qué son los fondos mutuos y como usarlos?

Los fondos mutuos son instituciones financieras cuyo propósito es invertir los fondos recaudados por los ahorradores. El objetivo es crear valor, a través de la gestión de una serie de activos, para los gestores de fondos y para los inversores que han invertido en ellos.

Hay tres componentes principales que caracterizan un fondo mutuo (más tarde un fondo sencillo):

- Los participantes del fondo son los inversionistas que invierten en los activos del fondo, adquiriendo acciones a través de su capital;
- La sociedad administradora, que es el centro de gestión de las actividades del fondo, que tiene la función de iniciar el fondo en sí, de establecer su propia regulación y administrar su cartera.
- Los bancos depositarios que mantienen físicamente los valores del fondo y mantienen efectivo en la mano. Los bancos también tienen un rol de control sobre la legitimidad de los activos del fondo sobre

la base de las disposiciones del Bank of America y las regulaciones del fondo.

Los costos incurridos por aquellos que ingresan en un fondo mutuo son los siguientes:

- La comisión de entrada o suscripción abonada en el momento del primer pago. En general, es inversamente proporcional al tamaño de su inversión (cuanto más invierte, menos paga) y es más alto para los llamados fondos de capital que para los balanceados. También hay fondos que no proporcionan una tarifa de entrada: son los llamados fondos sin carga
- La comisión de gestión, por otro lado, es el costo que corre a cargo del administrador de fondos de todos los partidos. Se calcula sobre una base anual, pero generalmente se paga sobre una base semestral, trimestral o mensual.
- La comisión adicional de rendimiento es, en cambio, una comisión opcional que algunos fondos de autofinanciamiento recompensan si, gracias a su capacidad, el rendimiento del fondo supera un cierto umbral basado en parámetros preestablecidos

El valor unitario de cada acción individual de los diversos fondos se publica diariamente en los periódicos. En el sitio web de NASDAQ también es posible seguir la tendencia de los precios de las acciones de los distintos fondos exactamente de la misma manera que se sigue la tendencia de las acciones. Los precios en cuestión ya incorporan el rendimiento del fondo.

Existen varios tipos de fondos mutuos, los más conocidos son los siguientes:

- Los fondos de renta variable invierten principalmente en acciones o bonos convertibles. En general, son más riesgosos, pero tienden a garantizar rendimientos más altos y, en cualquier caso, garantizan fluctuaciones más bajas que los valores de capital simple, ya que generalmente equilibran su participación con inversiones no de capital, tales como bonos ordinarios, valores gubernamentales y con la liquidez mantenida. Otra forma en que generalmente se logra el equilibrio de riesgos es diferenciar por área geográfica y, por lo tanto, también mediante la evaluación de las inversiones del fondo;
- Fondos de bonos, estos son fondos que invierten principalmente en bonos ordinarios y bonos

gubernamentales: este tipo de fondos generalmente tiene la ventaja de ser menos riesgosos, pero la desventaja de ser menos rentables; y
- Los fondos equilibrados son fondos que tienen como objetivo equilibrar las diversas formas de inversión para obtener los perfiles de desempeño y riesgo iniciados entre los fondos de renta variable y bonos.

Capítulo 6 :

Dónde comprar y vender acciones.

El uso de acciones, ya sea para cobrar dividendos o para especular sobre su cotización, es una práctica cada vez más extendida e interesante. El riesgo de pérdida siempre está presente, pero según el modo en que compre y venda sus acciones, este riesgo puede reducirse. Si se está preguntando cómo comprar y vender en línea las acciones de grandes compañías que cotizan en bolsa, aquí hay algunas explicaciones que pueden interesarle.

Comprar acciones para convertirse en accionistas.

Una gran parte de los individuos e instituciones privadas que compran acciones lo hacen para convertirse en accionistas.

Es el uso más simple de las acciones y su propósito principal.

De hecho, cuando una compañía emite sus acciones, es posible comprarlas directamente en línea.

Sin embargo, para las acciones ya listadas, para ello es necesario recurrir a un intermediario, que puede ser un corredor en línea o un banco en línea.

Por supuesto, también es posible comprar acciones directamente de vendedores que han comprado estas acciones anteriormente, así como revender sus acciones.

Compra y vende acciones con bancos en línea.

La forma más fácil de comprar y vender acciones es pasar por uno de los productos de colocación ofrecidos por los bancos y, en particular, por los bancos en línea. Gracias al funcionamiento en línea del 100% de estos bancos, puede pasar fácilmente sus pedidos de compra y venta directamente a través de Internet sin moverse.

Las ventajas de este sistema son numerosas porque es tu banco el que se encargará de ejecutar tus órdenes y luego comprar y vender tus acciones. Para aprovechar las acciones del mercado de valores a través de estos sistemas, debes suscribir un Plan de Inversión en Acciones, una cuenta de valores o un seguro de vida, que son los principales productos bancarios en el mercado de valores.

El único inconveniente de este método se refiere a los gastos que pueden ser más altos que los que tendrías que pagar si tu mismo compraras y vendieras las acciones.

Sin embargo, las comisiones bancarias rara vez superan el 4%.

Una de las principales ventajas de los productos de colocación bancaria es que tus compras y ventas de acciones están supervisadas por intermediarios del mercado y puedes beneficiarte de los consejos.

Compra y vende acciones con corredores en línea.

Otro método es ponerse en contacto con un mediador en línea. Su funcionamiento es casi idéntico al de los bancos en línea, con la diferencia de que no disfrutas de la asistencia y el asesoramiento, pero al mismo tiempo los costos son más bajos porque decides qué acciones comprar o vender.

Estos corredores en línea también permiten el comercio a través de acciones del mercado de valores sin tener que comprarlos. Para hacer esto, solo necesitas especular sobre la evolución de su valor. Las herramientas que te permiten proceder de esta manera son los CFD.

En última instancia, hay varios métodos para comprar y vender acciones en Internet. Antes de decidirte por una u otra de estas soluciones, ten cuidado para evaluar correctamente las comisiones involucradas, así como su nivel de conocimientos sobre la bolsa de valores. Dependiendo de estos criterios, cada uno de estos dos métodos tiene diferentes ventajas. También es bueno entender el sistema de cotización de una acción para poder especular sobre este tipo de activos.

¿Cuánto cuesta la compra o venta de las acciones?

Para responder a esta pregunta, es esencial definir la estrategia que se adoptará para comprar o vender tus acciones.

Si posees una cartera de acciones a través de la intermediación de un producto del mercado de valores, cada inversión en la compra o venta tendrá un costo correspondiente a los gastos denominados "gastos de corretaje". Estos gastos pueden tomar diversas formas e implicar diferentes costos dependiendo de la acción negociada (mercado nacional, europeo o internacional), el monto de la transacción realizada y, obviamente, el intermediario. Pueden ser en forma de un costo fijo o porcentual sobre el monto de la transacción. Por lo tanto, es muy importante elegir cuidadosamente tu oferta del mercado de valores y tu socio consultando previamente los detalles de los cargos aplicados a los pedidos del mercado de valores.

Las cosas son más simples para el comercio en línea y los gastos son generalmente más bajos. De hecho, para estar seguro, no hay tarifas de intermediación definidas para la venta o compra de acciones en la Bolsa de Valores desde una plataforma de negociación a través de CFD's. Obviamente, el mediador tiene una remuneración, pero en una forma diferente y más transparente: aplica la propagación.

El margen corresponde a una pequeña diferencia entre la cotización real de un activo y la cotización de compra o venta. Como resultado, al comprar acciones, el precio de compra será ligeramente superior al precio real del activo en cuestión y, en el caso de una venta de acciones, el precio de venta será ligeramente inferior al precio del activo real.

Además, en este caso, los diferenciales pueden variar de un corredor a otro y, dependiendo del tipo de acciones que pretendes vender o comprar, es interesante comparar los diferentes diferenciales aplicados antes de abrir tu cuenta en línea. Los diferenciales también pueden ser fijos y no varían o son variables y evolucionan de acuerdo con la situación del mercado.

¿Qué acciones se pueden comprar o vender en línea?

Desde hace algunos años, la oferta de los mediadores en términos de CFD's sobre acciones se ha enriquecido considerablemente y ahora es posible acceder a muchas acciones desde las plataformas de negociación puestas a disposición del público en general.

Por supuesto, encontrarás acciones europeas e internacionales. Todas las acciones propuestas por estas plataformas forman parte de los grandes índices de acciones internacionales y, por lo tanto, son particularmente populares e inestables y ofrecen muchas posibilidades gracias a una estrategia precisa basada en datos técnicos y fundamentales.

Capítulo 7:
¿Vale la pena invertir en acciones?

En este momento histórico, la búsqueda de altos rendimientos se ha vuelto casi espasmódica. Desafortunadamente, la política expansiva de los bancos centrales ha provocado el colapso de los rendimientos (ahora prácticamente 0). Cualquiera que quiera obtener un rendimiento positivo debe tomar riesgos.

En este contexto, muchos están decidiendo invertir en acciones. Lo que abordaremos en este capítulo es si realmente vale la pena invertir en acciones. ¿La respuesta? Ciertamente vale la pena, pero todo depende de la modalidad de la inversión.

Esta es una inversión que aún puede garantizar un rendimiento muy alto, sin embargo, siempre que se sigan algunas pautas.

El primer consejo es utilizar solo plataformas realmente asequibles para invertir en acciones. Entre los mejores definitivamente podemos recordar Plus500 o Markets. Estas plataformas se caracterizan por el hecho de que son muy fáciles de usar, incluso para aquellos que nunca han trabajado con las acciones pero, al mismo tiempo, garantizan herramientas avanzadas, adecuadas incluso para los más experimentados y las necesidades. En el momento de la inscripción, recibirás una bonificación gratuita de 7.000 euros por Plus500 y 4.000 euros por mercados. Este es un capital adicional que se puede utilizar para operar en los mercados de valores, pero que no se puede retirar directamente. Si utilizas el bono y obtiene beneficios, estos beneficios pueden tomarse sin ningún problema o restricción.

Tanto Plus500 como Markets son plataformas de negociación de Contratos por Diferencia (CFD): este es un instrumento derivado particularmente flexible y fácil de entender que garantiza la posibilidad de obtener altas ganancias tanto cuando los mercados suben como cuando los mercados caen. Esta es la segunda condición que hace que valga la pena invertir en acciones: si compras acciones directamente, solo ganas cuando los mercados suben. Y en las condiciones financieras de hoy, es una apuesta inmensa. En este momento, no es absolutamente conveniente comprar acciones, lo que se debe hacer es suscribir derivados (como los CFD que son muy simples) que tienen acciones subyacentes. Plus500 y Markets son la solución ideal para invertir en acciones y, por cierto, también permiten invertir en divisas, índices, materias primas, bitcoins, etc.

Si deseas invertir en acciones y deseas ganar dinero, el consejo es abrir una cuenta en Markets o en Plus500.

La gran ventaja de invertir en acciones: apalancamiento

Mediante el uso del apalancamiento financiero (o simplemente "apalancamiento"), una persona tiene la posibilidad de comprar o vender activos financieros por un monto mayor que el capital retenido y, en consecuencia, beneficiarse de un rendimiento potencial más alto que el que se deriva de una inversión directa en el subyacente y, a la inversa, exponerse al riesgo de pérdidas muy significativas.

Veamos cómo funciona el concepto de apalancamiento a partir de un caso simple. Supongamos que tienes $100 disponibles para invertir. Aprovecha los recursos financieros en una acción. Supongamos que las expectativas de ganancia o pérdida son iguales al 30%: si las cosas van bien, tendremos $ 130, de lo contrario, tendremos $70. Esta es una especulación simple en la que apostamos a un evento en particular.

En caso de que decidamos arriesgarnos a invertir más, además de nuestros $100, también otros $900 prestados, entonces la inversión tomaría una articulación diferente porque usamos un apalancamiento de 10 a 1 (invertimos $1000 con un capital inicial solo de 100). Si las cosas van bien y la acción sube un 30%, recibiremos $1300, devolvemos los 900 prestados con una ganancia de $300 sobre un capital inicial de $100. Entonces, obtenemos un beneficio del 300% con una acción que dio 30 a cambio. Obviamente, en los $900 prestados tendremos que pagar un interés, pero el principio general sigue siendo válido: el apalancamiento permite aumentar las posibles ganancias.

Considerando el caso adicional de la inversión en derivados; Supongamos que compramos un derivado que, dentro de un mes, otorga el derecho a comprar 100 gramos de oro a un precio establecido hoy en $5,000. Podríamos comprar físicamente el oro con un desembolso de $5000 y mantenerlo a la espera de que suba el precio y luego venderlo de nuevo. Si decidimos utilizar derivados, no deberíamos tener $5,000, sino solo el capital necesario para comprar el derivado. Digamos que un banco vende por $100 el derivado que nos permite comprar los mismos 100 gramos de oro en un mes a $5,000. Si en un mes el oro vale $5.500, podemos comprarlo y venderlo inmediatamente, obteniendo una ganancia de $500. Con los $100 del precio del derivado, obtenemos una ganancia de $400, o 400%, con $100.

Sin usar derivados y apalancamiento, los mismos $500 que podría haber ganado solo contra una inversión de $5,000, obteniendo una ganancia del 10%.

¿Cuáles son los potenciales de su uso?

El potencial de apalancamiento es claro. Pero tenga cuidado: el efecto multiplicador de apalancamiento, descrito en los ejemplos anteriores, funciona incluso si la inversión sale mal. Por ejemplo, si decidimos invertir $100 en nuestra posesión más una suma adicional de $900 prestados, si las acciones se depreciaran en un 30%, nos quedaríamos con solo $700 en la mano; tener que devolver los $900 prestados más los intereses y considerando los $100 de nuestra inversión inicial tendríamos una pérdida de más de $300 con un capital inicial de $100. Como porcentaje, la pérdida sería por lo tanto del 300% contra una reducción en el valor de la participación del 30%.

Otro elemento a tener en cuenta es que las diferentes palancas financieras pueden combinarse: de esta manera, las operaciones de especulación se llevan a cabo utilizando una "palanca cuadrada" con claras reflexiones sobre las aptitudes potenciales.

Lo que puede parecer una herramienta interesante con un potencial positivo para el inversionista, por otro lado, presenta riesgos que, por lo tanto, deben tomarse en consideración. De hecho, si el sistema financiero en su conjunto funciona con un apalancamiento muy alto y las instituciones financieras se prestan dinero entre sí para multiplicar las posibles ganancias, la pérdida de un inversionista individual puede desencadenar un efecto dominó al infectar a todo el mercado financiero.

Los bancos suelen ser entidades que operan con un grado de apalancamiento más o menos alto: frente a un cierto capital neto, los activos totales en los que se invierten los recursos son generalmente mucho más altos. Por ejemplo, un banco con un patrimonio de $100 y un apalancamiento de 20 administra los activos por $2,000. Una pérdida del 1% de los activos conlleva la pérdida del 20% del capital social.

El desarrollo del mercado para la transferencia del riesgo de crédito (de los intermediarios financieros al mercado) ha significado que el modelo bancario tradicional, denominado "originar y mantener" ("crear y mantener": el banco que proporcionó el préstamo permanece en el balance hasta el vencimiento), ha sido sustituido por muchos operadores de "originado a distribuir" ("crear y distribuir": el intermediario selecciona a los deudores, pero luego transfiere el préstamo a otros, recuperando la liquidez y el capital regulatorio previamente comprometido o el riesgo de crédito puro (derivados de crédito), con beneficios solo sobre los requisitos de capital, con el efecto de un aumento adicional en el apalancamiento. La difusión de este segundo modelo bancario es uno de los factores que explican la crisis provocada en el mercado de hipotecas de alto riesgo.

La inflación de los precios de las propiedades ha apoyado la emisión de préstamos bursatilizados y el crecimiento exponencial del mercado relacionado, lo que permite a los bancos obtener grandes ganancias y, al mismo tiempo, aumentar el apalancamiento. Pero "la máquina del dinero" no pudo durar mucho y al final muchos bancos se encontraron sin el capital suficiente para absorber las pérdidas derivadas de la inversión de la tendencia del mercado inmobiliario, lo que resultó en un hecho como compañías fallidas.

Mientras tanto, el ejemplo de los bancos se ha extendido dentro del sistema financiero al extenderse a todas las demás instituciones financieras: el apalancamiento había prevalecido, especialmente en los Estados Unidos, generando un gran volumen de inversiones de riesgo que se basaban en una fracción infinitesimal del capital accionario.Estamos pensando en la cuestión de los llamados "swaps de incumplimiento crediticio" (instrumentos derivados utilizados para protegerse contra el riesgo de incumplimiento del deudor): algunas compañías de seguros estaban muy expuestas al mercado inmobiliario y cuando este último colapsó y el valor de las hipotecas cayeron, empezaron a perder sin tener capital suficiente para absorber las pérdidas derivadas de la emisión de esos instrumentos.

Para no arriesgarse a fracasar y regresar a niveles suficientes de capital bancario, se pueden utilizar los aumentos de capital (no es una tarea fácil en tiempos de crisis), la reducción del monto de los préstamos a las empresas (otorgar menos nuevos préstamos y no renovarlos ya emitidos) y la disposición de otros activos líquidos (en su mayoría acciones). El resultado de todo esto, en el período de la crisis subprime, fue un congelamiento del crédito y un colapso del mercado de valores. Estos son los principales canales a través de los cuales la crisis financiera ha golpeado a la economía real. El racionamiento del crédito afectó las inversiones y la caída en el mercado de valores (que se suma a la disminución de los precios de la vivienda) ha reducido el valor de la riqueza de los hogares y, por lo tanto, el consumo.

Sabemos que un cierto nivel de apalancamiento es fisiológico para sostener el crecimiento económico, incluso si no tenemos ninguna indicación de cuál es el nivel óptimo. Pero la historia nos enseña cómo, en un sistema económico-financiero cada vez más globalizado e interdependiente, el apalancamiento puede ser un disparador para burbujas especulativas. Y es en estos períodos que se genera la desconexión más fuerte entre las finanzas y la economía real.

Ganando potencial.

El mercado de valores da la falsa impresión de que ganar dinero es solo cuestión de elegir los valores correctos, invertir rápidamente, permanecer pegado a una pantalla de computadora y pasar el día obsesionado con lo que es la inversión.

Pero la verdad sobre cómo ganar dinero en el mercado de valores es otra y lo descubrirás leyendo las siguientes páginas.

El secreto que revela cómo ganar en la Bolsa de Valores, comprar o vender valores y acciones, está bien explicado por la idea de un inversionista conocido en todo el mundo, Benjamin Graham:

"El dinero real se hace no comprando y vendiendo, sino poseyendo los valores, recibiendo intereses y dividendos y aprovechando el aumento de su valor a largo plazo".

De manera más simple, el primer secreto para entender cómo ganar en el mercado de valores de acuerdo con Graham es concentrarse en inversiones a largo plazo, manteniendo un stock durante al menos 5 años en su cartera de inversiones.

Incluyendo el primer concepto fundamental de invertir en el mercado de valores, ahora analizamos concretamente cómo ganar comprando acciones.

Invertir en el mercado de valores, comprar y vender acciones, para muchas personas es una perspectiva muy atractiva. Sin embargo, estamos hablando de una inversión real, acompañada de riesgo, y es necesario comprender que no es fácil ganar en el mercado de valores, ya que algunos pueden querer hacerle creer.

Para entender cómo hacer esto, debemos estar conscientes de lo que estamos haciendo y de los factores que influyen en el éxito o el fracaso de nuestra inversión.

Muchos prefieren recurrir a un asesor financiero y dejar que él siga la tendencia del mercado; otros más emprendedores optan por la opción de invertir a través de CFD o comprar acciones a través de un intermediario.

En la bolsa de valores usted gana y pierde, y la certeza del resultado no siempre es cuantificable.

Es por eso que es esencial saber cuáles son los mecanismos de ganancias y pérdidas en el mercado de valores y, por lo tanto, cómo ganar en el mercado de valores, así como saber cómo funciona el mercado de valores.

Invertir en el mercado de valores, comprar o vender acciones, implica invertir en una o más de las muchas empresas que cotizan en bolsa, tanto en Estados Unidos como en el extranjero.

Las empresas tienen interés en cotizar en la Bolsa de Valores para encontrar los nuevos recursos financieros necesarios para sus procesos de producción.

El inversor no invierte para la gloria o para favorecer a una compañía sobre otra, sino para obtener un beneficio y ganar con la diferencia entre el precio de compra y el precio de venta.

Pero, ¿cómo se puede hacer dinero con las acciones del mercado de valores?Cada pequeño ahorrador puede decidir invertir parte de sus ahorros en acciones, es decir, fracciones de capital corporativo negociadas en la bolsa de valores.

Supongamos que hoy en día algunas acciones tienen un valor nominal de 11,00 euros y un valor de mercado de 12,50 euros gracias a una apreciación de las acciones tras una declaración del anuncio de la compañía sobre un contrato en el norte de Europa.

El inversor quiere ganar en la bolsa de valores y decide comprar 10.000 de esas acciones a través de un intermediario. El costo de invertir en el mercado de valores será la cantidad de acciones por el precio por acción. En nuestro caso, es de 125.000 euros (12.50 * 10.000), a los que se deben agregar los costos de comisión por la operación, que varían de un intermediario a otro.

La semana siguiente, las mismas acciones registraron un aumento después del resultado positivo del informe trimestral. El precio de esas acciones se eleva a 13,80, un precio mayor al que el inversionista ha pagado las acciones (12,50).

El inversor decide vender las 10.000 acciones compradas la semana anterior. El corredor le dará al inversionista el valor actual de las acciones. Esto tendrá que devolver

138,000 euros (13,80 * 10,000), luego retener el monto de la comisión.

Y aquí, se explica cómo ganar en el mercado de valores.

La ganancia realizada se obtiene con la diferencia entre el valor de venta (o € 138,000 - comisiones) y el costo de compra de los valores (es decir, € 125,000 + comisiones): en nuestro ejemplo tenemos un beneficio de € 12,750.00 (137,850 - 125,100).

Pero si el precio de las acciones bajara, sin embargo, de 12.50 a 10.00 euros y el inversor había decidido vender, el resultado sería una pérdida.

Capítulo 8 :

Conceptos básicos de inversión - errores comunes.

Los mercados en los últimos tiempos se han vuelto más complejos, pero también más volátiles.

En palabras simples, el riesgo es mayor. Los factores económicos, las intervenciones del banco central, las tasas negativas, la baja inflación y los algoritmos están cambiando los mercados de acciones, divisas y materias primas.

Parece que ya no miras los fundamentos, sino que compras el título del momento y el que presenta un riesgo menor (en otras palabras, la gente piensa que presenta un riesgo menor).

En mercados tan difíciles, los pequeños inversores que invierten en el mercado de valores no tienen una vida fácil. Pero esto no significa que tengan que abandonar las acciones: con trabajo arduo y perseverancia, todos pueden convertirse en inversionistas calificados.

Para ayudarte a comenzar tu viaje, hemos recopilado 15 de los errores más comunes que cometen los inversores principiantes. Si puedes evitarlos, estarás un paso por delante de la competencia.

1. Confiando en las emociones.

La mayoría de las personas pierden en el mercado de valores porque no pueden manejar sus emociones.

Está comprobado que los pequeños ahorradores compran en la fase ascendente de los mercados y el pánico se vende a la primera señal de disminución. Entonces, lo que sucede es que el mercado se recupera, y ahora están fuera.

Esto sucede debido a la mala educación financiera del inversionista estadounidense promedio.

El que no sabe cómo evaluar el riesgo, no conoce la diversificación y no puede seleccionar los valores para colocar en la cartera. Él no sabe cómo calcular el valor promedio de un activo.

Ni siquiera sabe cómo usar una hoja de cálculo para calcular la volatilidad de una acción.

Y es precisamente la falta de capacidad para manejar el riesgo lo que lo hará tomar malas decisiones y, en última instancia, resultará en una pérdida.

2. Especular, no invertir.

Otro error que muchos a menudo cometen es confundir la especulación con la inversión.

Si invierte a muy corto plazo, aumenta el riesgo y no es una cuestión de inversión sino de especulación. Saber definir la especulación de inversión es esencial.

Antes de ingresar un título, debes definir su horizonte de tiempo y considerar dónde colocar el stop loss. Un ejemplo clásico de especulación es "opciones binarias". A menudo se promueven como una inversión, pero no lo son. Para aquellos que no saben lo que son, las opciones binarias son apuestas realizadas sobre el precio de un activo en los próximos 30 segundos. Sí, lo leiste bien. En serio, mantente alejado de ellos.

3. Invertir sin planificación.

En el mercado de valores, el capital invertido no debería ser necesario para la vida diaria.

Antes de invertir, planea estos objetivos. Alguien invierte porque en el futuro quiere comprar una casa más grande. Otros pueden invertir para cuando se jubilan, pero también para unas vacaciones.

Hay quienes lo hacen por sus hijos. La verdadera pregunta es: ¿por qué estás invirtiendo?

4. Pensando poder predecir el futuro.

¿Qué tienen en común Warren Buffet de Omaha y el entrenador de vida Tony Robbins? Ambos están de acuerdo con el gran riesgo que viene cuando nuestro dinero está en juego.

Durante una entrevista con CNBC, Tony Robbins advirtió contra un gran error que se comete cuando se trata de invertir para el futuro, es decir, tratar de predecir los altibajos del mercado.

Nadie puede predecir el futuro, dicen Robbins, y inversionistas legendarios como el multimillonario Warren Buffett y Ray Dalio, fundador de los fondos de cobertura titánicos Bridgewater Associates, tienden a estar de acuerdo.

"Su plan para el futuro no puede basarse en intentar cronometrar el mercado porque va por el camino equivocado".

En lugar de comprar y vender acciones según lo pequeño que sea, Robbins sugiere pensar a largo plazo.

"No puedes darte el lujo de probar el mercado. Lo que debemos hacer es estudiar los elementos a largo plazo y tener un plan de diversificación que proteja cuando estamos equivocados ".

Buffett también es un partidario importante de este tipo de estrategia llamada "comprar y mantener", tanto que apostó a que el índice de acciones S & P 500 superaría a los fondos de cobertura (que cambian activamente las inversiones). Ahora, parece que lo más probable es que gane esa apuesta, lo que le traerá un premio extra de $2 millones.

Robbins también cuenta con el consejo de Dalio, quien fundó el mayor fondo de cobertura del mundo, Bridgewater Associates, que tiene dificultades para identificar los momentos adecuados para entrar y salir de las inversiones.Entonces, para Robbins, la mejor idea sigue siendo a largo plazo y tanto él como Buffett sugieren que consideren que invertir en fondos de índice de bajo costo es lo mejor que se puede hacer.

5. No prestar atención a los costos.

Lo hemos dicho en todos los idiomas: los costos pueden matarlo financieramente. La inversión de 15.000 € durante 30 años puede resultar en un capital de 106.000 € si se realiza con un ETF o un fondo mutuo de bajo costo, y de 67.000 € si se realiza con un fondo mutuo que tiene el 2% de TER. Ve por ti mismo.

En realidad, ahorrar costos es el único "dinero gratis" verdadero que puede obtener como inversionista. Los productos financieros con altas comisiones son más de las veces increíbles, solo piense en la sobreestimada idea de gestión de Alfa.

6. Cambiando la duración de la inversión "sobre la marcha".

Por lo general, funciona de esta manera: has elegido una cartera asumiendo una cierta duración de la inversión, luego el mercado "tose", un instrumento dentro de la cartera pierde un 5-6%, lee algunas opiniones negativas al respecto, comienza a temblar como un conejo y finalmente vender. Este cambio en el horizonte temporal hace daños monstruosos: por lo general, hace que pierdas aproximadamente la mitad de las ganancias. Solución: invierte poco a poco y no lo pienses más.

7. No diversificando.

La diversificación es inútil solo si puedes predecir el futuro y saber cuál será la mejor inversión. Si en cambio (como un ser humano normal) no tienes habilidades adivinatorias paranormales, debes diversificar un poco tu cartera pero sin exagerar (sobre esto hay más adelante).

8. Haciendo todo lo que dice tu agente.

Si el banco, el promotor o el intermediario, presiona un producto, corre para verificar los costos: en 9 de cada 10 casos es el producto más conveniente para ellos y, como puedes adivinar, el más caro para ti.

9. No leer bien prospectos y contratos.

Por ley, los intermediarios están obligados a escribir todo lo que hacen en un tipo de documento de "contrato". Muchas veces, lo harán con ese lenguaje legal que te envía a la narcosis en la segunda línea. Pero tienes que leer todo, si no quieres malas sorpresas. Recuerda que eres responsable de tu dinero y no debes culpar a los demás.

10. Comprando políticas vinculadas a la unidad (e indexarlas).

Estas políticas se encuentran entre los productos financieros menos transparentes que se pueden encontrar y se complementan con altas comisiones a favor de quienes las venden. El vendedor te contará muchas buenas historias sobre la garantía de capital. Más allá de las fantasías, con una política vinculada por unidad (o por índice), en el 90% de los casos tendrá un producto costoso, con multas severas en caso de desinversión temprana y, después de 10 o 20 años de pagos, normalmente seas recompensado con un desempeño decepcionante (pero consuélate, habrás hecho muy feliz al hombre que se lo vendiste).

11. Comprando bonos de tu banco.

Los bonos bancarios generalmente hacen menos de un BTP del mismo vencimiento, porque soportan cargos implícitos como los costos. Entonces, son en promedio más riesgosos y menos líquidos. Y esto es cierto incluso para los bonos bancarios subordinados, cuyos titulares, con la reciente entrada en vigor del rescate, probablemente serán llamados para poner sus manos en la cartera en caso de incumplimiento del emisor. Antes de comprar estos bonos, estudialos cuidadosamente, comparalos con un título gubernamental o supranacional (como BEI, BIS, etc.) y solo entonces decide.

12. Creyendo enriquecerse con el comercio en línea.

El colorido mundo del comercio en línea está repleto de gurús para convencerte de que serás rico gracias a sus fabulosos cursos o su sitio de previsión del mercado financiero. Tienes que saber que tener éxito con el comercio es muy difícil: en la gran mayoría de los casos, terminarás perdiendo dinero y tiempo. Aprende a ahorrar e invertir, no a comerciar.

13. Escuchando a economistas, políticos y medios de comunicación.

El ruido en los oídos distrae: eliminalo. Así que aquí está, para ti y solo para ti, nuestra lista personal de ruidos de los que tienes que deshacerte.

- **Economistas.** Piensa en lo poco que nos han hecho en esta parte de la historia: por ejemplo, en 2009 no reconocieron la peor crisis desde la Gran Depresión de 1929, a pesar de una gran cantidad de señales y, sobre todo, el hecho de que la recesión ya estaba en su camino
- **Los políticos.** Excepto por raras excepciones, los eventos de cualquier Parlamento son animados, llenos de personajes divertidos y peleones que combinan todos los colores, pasando de la crisis a las soluciones repentinas, y luego se sumergen de nuevo en crisis trágicas: tramas perfectas para las sagas periodísticas y televisivas. En general, el impacto en los mercados financieros de todo esto es bajo. Por ejemplo, a pesar de los altibajos de la política italiana, la propagación ha continuado en su camino, indiferente a todo menos al BCE.

Continuando con los hechos históricos del peso, piense que después del ataque japonés a Pearl Harbor en 1941 (que arrastró a los EE. UU. A la Segunda Guerra Mundial), el índice de acciones Dow Jones perdió solo el 6% (y en los siguientes 12 meses ganó 2,20%).

- **Medios de comunicación:** periódicos, televisión. Te bombardean con un flujo continuo de noticias y datos (a menudo explicados superficialmente), que te llevan a desviarte de tu camino de inversión (vea el punto 2). Todos los días surgen algunos datos económicos: a veces mejoran, a veces empeoran, pero en el futuro inmediato rara vez impactan en tus inversiones. Solo para decir, durante la última recesión en la zona euro (que comenzó en marzo de 2012 y finalizó en junio de 2013), los mercados de valores de la zona euro han ganado alrededor del 13%. Entonces, concéntrate en algunas cosas importantes, revisa tu billetera regularmente, sigue la fuente correcta de información, pero no estés paranoico con las noticias.

14. Queriendo tener éxito durante la noche.

No seas el inversionista que desea un éxito inmediato y que pierde la paciencia para los altibajos diarios. Quien quiera resultados rápidos es ciertamente un ejemplo de cómo no invertir sus ahorros si desea tener éxito.

Invertir con éxito es un poco como cuidar de un huerto. Las plantas crecen lentamente, los primeros años dan pequeños frutos, pero luego comienzan a crecer más rápido. En general, es absurdo esperar resultados significativos en unas pocas semanas, meses o incluso en unos pocos años. Recuerda que no quieres hacerte rico rápidamente, quieres hacerte rico con seguridad.

15. No tomando ganancias

Puede parecer extraño, pero hay muchos inversores que nunca sacan sus ganancias. Esto es perjudicial, ya que nunca disfrutan del dinero que ganan al invertir. Es como obtener una suscripción a un gimnasio, pero nunca ir al gimnasio: es inútil y no trae nada a la práctica.

Los inversores más exitosos siempre obtienen ganancias de vez en cuando. Obviamente, estamos hablando de decisiones calculadas y movimientos planificados. Sin embargo, el nugget de oro aquí es el hecho de que si no tienes el dinero en tu cuenta bancaria, no puedes utilizarlo. Puede sonar tonto, pero es un hecho que la mayoría de los principiantes tienden a olvidar.

Capítulo 9 :¿Cómo elegir un bien? acciones para invertir en

Dado que esta es una guía para principiantes y la mayoría de las personas que comienzan deciden comenzar su viaje de inversión con acciones, pensamos que sería interesante sentar las bases del tema. Para quienes elijan invertir en acciones, el objetivo es sin duda el de obtener la mayor remuneración posible de su inversión, por lo que la elección de los valores en los que invertir su dinero es de fundamental importancia.

Invertir en acciones.

En este sentido, no hay reglas universalmente válidas y confiables que te permitan obtener buenas ganancias y eliminar el riesgo de pérdidas. De lo contrario, el número de inversores sería mucho mayor.

En otras palabras, las acciones seguras para invertir, si alguna vez existieron en el pasado, ¡hoy se han extinguido oficialmente!. Sin embargo, esto no significa que no se puedan hacer planes para reducir el riesgo mientras se mantiene un alto nivel de ganancias.

Aquellos que deciden invertir en acciones hoy en día están perfectamente conscientes de que hay una serie de parámetros que los expertos creen que es esencial tener en cuenta al identificar las acciones que se incluirán en una cartera de inversiones. Estos parámetros son: la capitalización de la empresa, la rentabilidad del capital, la relación entre ganancias y precio, la relación entre la relación y el valor contable del precio, el rendimiento de dividendos y las calificaciones / precio objetivo. Veamos en qué consisten estos parámetros individuales en detalle y cómo podemos usarlos para elegir las acciones en las que invertir hoy.

- **Capitalización de empresas:** aunque este es un parámetro muy subestimado, debemos considerar que el tamaño de la empresa es muy a menudo un signo de poder de mercado, en la mayoría de los casos a través de la posesión de marcas o tecnologías explotadas a nivel mundial. Sin embargo, el uso de este parámetro tiene sentido especialmente para las inversiones de capital en el mercado estadounidense, donde en el último año las empresas con alto capitalización (Apple, Coca Cola, Facebook, Google, Amazon, etc.) han tenido un desempeño significativo. La estrecha relación existente en la participación de los Estados Unidos entre el nivel de capitalización en la bolsa y el desempeño de las acciones es uno de los factores subyacentes al peso creciente que las acciones estadounidenses tienen en las carteras de los inversores internacionales. El interés de los operadores en acciones estadounidenses también se ha incrementado a la luz del auge de las compañías que operan en el segmento de tecnología y web.

- **Retorno sobre el capital (Roe):** esta es la relación entre el resultado neto y los activos netos de una compañía determinada. En particular, desde el punto de vista de las inversiones de capital, es un parámetro importante, ya que la rentabilidad más alta que el costo del capital es un índice de la capacidad de una empresa para crear valor. Desde este punto de vista, los que eligen invertir en acciones hoy en día siempre tienen una gran consideración por parte de Roe.
- **Relación precio / ganancias:** una relación baja de este parámetro hace que el precio de la acción sea particularmente atractivo, pero al mismo tiempo podría significar que las expectativas sobre las ganancias futuras no son particularmente positivas. Como en el caso del Roe, este es un factor a tener en cuenta al elegir las mejores acciones para invertir.

- **Relación precio / valor:** la relación entre el precio de la acción y el valor del activo neto resultante del último balance, especialmente si esta relación es más baja que la unidad significa que la compañía recibe un pago menor que el valor del presupuesto neto de pasivos. Sin embargo, esto no significa necesariamente que sea un buen negocio, ya que la empresa tampoco puede generar ganancias.
- **Rendimiento de dividendos:** es la relación porcentual entre el último dividendo distribuido y el precio de la acción, en particular, mide la remuneración proporcionada por la empresa a los accionistas en el último año en forma de liquidez. Este parámetro a menudo se tiene en cuenta para identificar las acciones en las que invertir, ya que una empresa capaz de distribuir dividendos es generalmente una empresa sana, pero también en este caso, como con todos los demás parámetros de selección, es necesario hacer una más amplia y precisa. Un análisis más completo, ya que un alto nivel de este indicador también podría significar que la compañía ha hecho pocas inversiones o tiene pocas perspectivas de crecimiento. Por esta razón, considerar el rendimiento de dividendos como un factor primario para determinar los valores en los

que invertir en el mercado de valores es reductivo. El rendimiento del dividendo solo tiene sentido si se acompaña de consideraciones sobre los planes de negocios y los planes industriales de la empresa que cotiza en bolsa. Solo de esta manera es posible tener garantías sobre cuáles son las perspectivas del grupo en el futuro.

- **Clasificación y precio objetivo:** la calificación es el juicio que ciertos analistas y bancos de inversión tienen sobre un valor cotizado específico, mientras que el precio objetivo representa el precio objetivo máximo al que pueden llegar las acciones. Docenas de juicios se publican diariamente en todas las acciones listadas. Mantener un ojo en estos juicios es una forma de tener más aclaraciones sobre cuáles pueden ser las perspectivas de la lista. Si, de hecho, más corredores deciden reducir la calificación de una acción X de compra a venta neutral o peor, entonces significa que, de hecho, las expectativas de la seguridad en cuestión ciertamente no son positivas y, por lo tanto, tal vez, no sea así. El caso de insertar este título en la lista de acciones para invertir.

Claramente, las promociones y los fracasos (actualizaciones y degradaciones) no están en el aire, sino que están acompañados de informes en los que se explican las razones detrás de ese juicio único. Por lo tanto, la calificación y el precio objetivo son uno de los factores más importantes para elegir las mejores acciones para invertir. Como los grandes operadores que se centran en las acciones saben perfectamente, al analizar la historia o la evolución de la calificación y el precio objetivo de una acción única, se puede tener una imagen aún más completa en la elección de acciones para invertir en la actualidad.

Estos son los principales indicadores que determinarán si tu inversión será exitosa o no. Tomarse el tiempo para estudiar la estructura de la empresa en la que se desea invertir es extremadamente importante, ya que brinda la oportunidad de tener una mejor idea de hacia dónde te diriges y hacia qué te diriges hacia el futuro. Recuerda que cuando inviertes en acciones, posees parte de ese proyecto: es su deber entenderlo completamente.

Aquí hay algunos términos con los que debe familiarizarse si desea mejorar en la inversión en acciones.

Aquellos que quieran invertir o jugar en la bolsa de valores deben considerar o conocer algunos términos, que son básicos para sus acciones comerciales. Algunas precauciones deben ser tomadas en consideración:

- Leer constantemente y diariamente, periódicos de carácter económico; esto servirá principalmente a aquellos que no están muy familiarizados con la terminología utilizada y, en consecuencia, no conocen el significado de Acciones, Bots, BTP, Dow Jones, Nasdaq, Nikkei, etc.
- Mirar regularmente una noticia económica, de manera que te familiarices y aprendas a pronunciar los términos más usados;
- Documentarse a sí mismo a través de libros, foros y sitios en línea, esto facilitará enormemente la comprensión y también servirá como un bagaje cultural personal. De esta manera, puedes aumentar tu conocimiento y dar tus primeros pasos en el mundo de la economía.

Un primer término para conocer es ciertamente la palabra compartir , que es el elemento cardinal de las empresas, que representa en todos los aspectos una parte del capital social de una empresa. Las acciones se pueden dividir principalmente en 3 categorías:

- **Acciones ordinarias:** en las que el titular puede expresar su derecho de voto;
- **Acciones de ahorro:** no hay posibilidad de emitir un voto, pero otorgar un dividendo mayor que las acciones anteriores;

- **Acciones preferentes:** garantizan "un mayor privilegio" en la asignación de utilidades y poder de voto en juntas extraordinarias de accionistas.

Durante tu viaje de inversión, te encontrarás en contacto con otros términos importantes que debes saber. Algunos de los más populares son:

- BOTs, bonos del tesoro ordinarios: se emiten en el corto plazo y proporcionan un monto mínimo de suscripción, que será de alrededor de € 1.000 y una devolución dada por la diferencia entre el valor de reembolso y el valor de compra;
- BTP, letras del Tesoro plurianuales: emitidas a medio y largo plazo, que proporcionan una tasa fija y un cupón semestral como una perspectiva de ganancias periódicas para la seguridad;
- CCT, certificados de crédito del Tesoro: emitidos a mediano y largo plazo, y como los anteriores, también ofrecen un cupón semestral con la adición de un rendimiento indexado al del BOT;
- CTZ, certificados de tesorería de cupón cero: estos proporcionan valores de tasa fija, sin un cupón semestral y tienen un vencimiento variable entre 18 o 24 meses.

- Dow Jones Index, de la bolsa de valores estadounidense que contiene los treinta títulos más importantes;
- Nasdaq, siempre refiriéndose a la bolsa de valores estadounidense y que contiene los títulos con alto contenido tecnológico;
- Nikkei, de la bolsa japonesa. se ocupa de los valores del mercado japonés;
- FTSE MIB, Financial Times Stock Exchange de Milán, inherente a la bolsa de valores italiana y se refiere a un promedio de los principales valores italianos de alta capitalización;
- FTSE America Mid Cap, de nuevo la bolsa de valores estadounidense, incluidos los valores de compañías de mediana capitalización;
- FTSE America Small Cap incluye a las compañías de pequeña capitalización de la bolsa estadounidense;
- MIB 30, contiene los principales valores estadounidenses, y en particular las primeras 30 compañías estadounidenses;
- MIBTEL, un índice que contiene en promedio ponderado todos los títulos estadounidenses más importantes.

Capítulo 10 :

Cómo invertir grandes sumas de dinero.

Esta pregunta requeriría la evisceración de un libro completo (y tal vez lo escriba en un futuro próximo), por lo que es más apropiado advertirte de los grandes errores que sugieren detalles operativos precisos.

En primer lugar, sin una competencia real, es bastante absurdo lanzarse a cosas demasiado complicadas (por ejemplo, acciones a largo plazo de alto riesgo). Por supuesto, puedes obtener ayuda de un experto, pero luego puedes confiar totalmente en él. En este caso, es útil comprender que, si ni siquiera un Premio Nobel para la economía puede prever inversiones rentables, ¿cómo puede una simple banca?

También en economía, mucha gente vende experiencia aprovechando los momentos favorables, excepto cuando los momentos favorables no son ... para culpar a las coyunturas astrales.

Hay un famoso dicho que dice que la economía es la segunda ciencia menos confiable, superada solo por la astrología .

En el mercado de bienes raíces, es optimista esperar comprar una o más casas y ganar dinero automáticamente. También se requiere una cierta competencia del asunto, una cierta visión del futuro (es decir, de lo que se revaloriza y lo que no, tal vez porque después de diez años construye un vertedero cerca) o (alquileres) necesitas calcular el tiempo de dedicar a la gestión de la propiedad, impuestos etc.

En el mercado de valores es aún peor porque tantas herramientas hermosas te engañan para ganar dinero.

El punto es que quién te vende un producto se basa en lo que sucedió en el pasado, sin decir claramente que el pasado con el futuro tiene poco que ver con esto (también porque algunas décadas no son estadísticamente significativas para deducir algo sensato). No es de extrañar, no sé si lo sabes, pero en los últimos años realmente fue para algunos tener una ganancia neta (es decir, eliminó la inflación y las comisiones de gestión), muchos simplemente ... perdieron.

También se deben mencionar los riesgos individuales: demasiadas personas invierten una suma creyendo que pueden retirarse en cualquier momento (me caso, tengo que comprar la nueva casa, el nuevo auto, tengo que darle un regalo a mi hijo, etc.) . Eso daría lugar a repercusiones desastrosas. El "momento" siempre llega cuando sus inversiones bajan. Cuanto más se busca una ganancia probable, más se expone a los riesgos. Admitido y no otorgado que se puede ganar un 2% neto por año (es decir, más del 20% en 10 años), en los diez años puede haber un período de 2-3 años en el que estes por debajo del 5%. Si el "momento" de ventas llega en ese período, al que valió la pena invertir en una estrategia "inteligente". Por lo tanto, puedes invertir mucho, sabiendo que durante 10 años no lo tocas y que solo lo puedes tocar si está activo. Si necesitas una liquidez sustancial, no debes invertir en opciones a medio o largo plazo.

Actualmente, si una persona tiene un capital serio (es decir, que puede permanecer inactivo durante un tiempo medio-largo) de menos de 100.000 euros, es mejor invertir solo en productos seguros y de muy corto plazo, contentos con no perder en la inflación. Si el capital es más alto, es conveniente convertirse en expertos (pero no en aquellos que se engañan a sí mismos para romper todo porque los fondos, bonos y acciones corren el riesgo de convertirse en la lotería de aquellos que son solo un poco más inteligentes que otros) o confiar en una autoridad competente y realista. y persona honesta. Para hojear a los aspirantes, intenta preguntar qué ganancia neta puede esperar una persona con X euro (disparar alto): si obtiene una respuesta, "definitivamente al menos y%" e Y excede algunos puntos porcentuales, olvídalo.

Solo me preguntaba si una persona podría tener otros ingresos, además de los que debían trabajar.

Capítulo 11 :

Cómo decidir si es el momento para comprar o vender una acción.

Los indicadores y gráficos son uno de los componentes más importantes cuando hablamos de análisis técnico. Además de la experiencia, la frialdad y la psicología, un buen analista no puede ignorar un conocimiento profundo de los gráficos. Este último puede representar información diferente y puede aparecer en diferentes formas.

En el análisis gráfico, los gráficos merecen una atención particular porque representan la dinámica de los precios de un instrumento financiero determinado y en un período determinado.

En el análisis técnico, el tipo de gráfico más utilizado es el gráfico de lista de velas, más conocido con el nombre de gráfico de velas japonesas. Sin embargo, antes de pasar a una descripción detallada del gráfico de velas, me gustaría decir algunas palabras sobre otros dos gráficos, menos usados que los gráficos de velas japonesas, pero que pueden ser útiles, ya que pueden ayudarlo a entender el gráfico de velas japonesas.

El gráfico de precios se muestra en un plano cartesiano donde, en el eje de abscisas, es decir, el eje vertical en el que se informa el tiempo, mientras que en el eje horizontal se informa el precio.

Dada esta premisa, aún podemos decir que los gráficos se refieren a diferentes períodos de tiempo, ya sean fracciones de minutos, horas y días, si no semanas, meses o incluso años que indican diferentes tamaños de apertura o cierre, de máximos y mínimos.

En el eje de las abscisas encontramos un espacio llamado histograma del volumen, que representa la cantidad de instrumentos intercambiados durante el período examinado.

En el análisis gráfico, en el análisis específico y más generalmente en el técnico, se utilizan varios tipos de gráficos.

Características de un buen gráfico.

Con lo anterior, no quiero decir que necesites un gráfico que contenga una gran cantidad de información en detalle, pero me gustaría enfatizar que los mejores operadores exitosos del mercado utilizan muy pocos indicadores. Sí, has entendido correctamente, sólo unos pocos indicadores. Por lo tanto, pensarás que lo que se ha descrito hasta ahora es solo un chat, pero no es así, ya que extrapolan la información más importante directamente de la gráfica. Obviamente, los gráficos solo pueden ser proporcionados por los corredores, que en cuanto al mercado de divisas, también te aconsejamos que siempre elijas los mejores corredores de opciones binarias. Por lo tanto, no es cierto que los gráficos sean todos iguales, serás un buen intermediario para extrapolar toda la información que te interese de las diversas tablas detalladas. Y desde aquí reconocemos a los mejores corredores.

El motivo de esta extrapolación es muy simple: dado que los indicadores expresan solo el pasado en forma gráfica, pueden proporcionar una visión muy aproximada del futuro. Por lo tanto, demasiados indicadores en un gráfico a veces pueden crear confusión en lugar de claridad y ayuda.

Por lo tanto, consideramos muy importante tener en cuenta los siguientes puntos:

1. **Buen programa gráfico.**

Con esto, de hecho, siempre deberías poder mirar lo suficientemente lejos en el pasado, planificar el futuro e identificar barreras relevantes y obtener una visión general satisfactoria. En los gráficos de opciones binarias de los diferentes corredores, este marco de tiempo es demasiado estrecho para sacar conclusiones confiables.

2. **Los gráficos de buena calidad siempre indican diferentes intervalos de tiempo.**

Estos van desde unos pocos minutos hasta un máximo de un mes.

3. **Nunca establezca un gráfico lineal común.**

Este hecho no sería muy útil para fines de análisis técnico. Por otro lado, se utilizan tablas de velas o vigas, que explicaremos brevemente.

¿Qué es el análisis gráfico?

El análisis de los gráficos es sobre todo la búsqueda de formas particulares, también llamadas estructuras gráficas, configuraciones o figuras.

Son cifras que emergen del movimiento de los precios y que pueden indicar su tendencia futura. Son analizados por analistas que unen puntos en el gráfico de precios de una seguridad financiera o el desempeño de un indicador.

El propósito del análisis gráfico será, por lo tanto, identificar los patrones de precios más típicos para fines de pronóstico.

Estas formaciones gráficas se pueden clasificar en diferentes categorías. Las principales categorías de clases pueden asumir características de inversión o continuación o consolidación. Una característica fundamental también será la dinámica de los volúmenes, que explicaremos en cada figura.

Es por esto que requiere técnica, experiencia, estrategias, si no la habilidad del analista para ver estas formas en el movimiento de una gráfica. Estos son los elementos fundamentales de este tipo de análisis. El concepto de línea de tendencia, soporte y resistencia también forman parte de este aspecto del análisis técnico.

A continuación listaremos los gráficos más utilizados para el análisis gráfico y explicaremos la operación. Antes de hacer esto, sin embargo, debemos explicar otro concepto muy importante y usado: la figura de Continuación. Estos tienen características comunes en todos los gráficos; representan una pausa en la tendencia prevaleciente en curso y son un preludio de una continuación de la tendencia en la dirección de la dirección anteriormente en curso. Por esta razón también se les conoce como cifras de consolidación.

La principal diferencia entre las cifras de continuación y de inversión se refiere a la extensión.

Las cifras de continuación suelen ir acompañadas de una disminución en los volúmenes negociados.

Una de las primeras figuras que vamos a examinar es la cuña.

Cuña

Esta también es una figura de continuación explicada y es muy similar al triángulo por 2 razones:

- Para la forma;
- Por el tiempo que lleva formarse. Esto difiere del triángulo que veremos a continuación, porque la forma que se forma se caracteriza por una inclinación fuertemente alcista o bajista opuesta a la de la tendencia actual.

Esto significa que:

- este gráfico consta de dos líneas de tendencia convergentes y demora entre uno y tres meses en desarrollarse;
- en una tendencia alcista, se puede encontrar una cuña descendente o "una cuña descendente";
- mientras que en una tendencia bajista se puede desarrollar una cuña ascendente o "una cuña ascendente".

Al igual que con las figuras de banderín y bandera, la cuña se puede encontrar en medio de un movimiento, lo que nos permite calcular los objetivos mínimos.

La dinámica de los volúmenes ve una disminución en el curso de la formación del patrón y debe reducirse durante todo el período de formación de la figura. Por el contrario, aumentan significativamente cuando se rompe la línea de tendencia, que es una característica típica de la cuña.

La segunda figura que examinamos en este capítulo es el banderín.

Banderín

Esta figura también es bastante común en el análisis de gráficos.

Esta figura junto con la figura de la bandera, que veremos inmediatamente después de que aparezca la bandera después de un movimiento casi vertical y representa una pausa en la tendencia.

Su característica es que se presenta como un triángulo simétrico que, sin embargo, tiene una extensión máxima de 3 semanas. La mayoría de las veces, en las acciones bajistas, el tiempo de refinamiento de la figura es aún más bajo y es igual a una o dos semanas como máximo. El banderín está a medio camino del movimiento alcista o bajista, con las implicaciones obvias en el cálculo de los objetivos mínimos para la llegada del movimiento.

Por lo tanto, será obvio que el volumen disminuye durante la formación de la figura y debe ser bajo durante todo el período de formación del patrón. Por el contrario, en cambio, aumentan significativamente cuando se rompe la línea de tren , lo que identifica el banderín. Estos están acompañados por una tendencia similar en el rango dentro del cual se mueven los precios.

Los banderines a menudo coinciden con una fase de contracción, que no necesariamente tiene una inclinación opuesta con respecto a la tendencia básica.

Tanto esta figura como la siguiente se desarrollan dentro de un marco de tiempo bastante corto.

La tercera figura que examinamos como anunciada es la bandera.

Bandera

La formación de bandera, o banderas, es un patrón muy común de continuación en el análisis gráfico.

Esta forma tiende a aparecer cerca del agotamiento temporal de una tendencia, lo que representa una breve pausa en el mercado después de movimientos fuertemente acentuados, son casi verticales y se conocen como asta de bandera.

La bandera tiene una forma similar a un paralelepípedo, casi para representar un rectángulo, delimitada por dos líneas de tendencia paralelas pero opuesta a la tendencia que prevalece.

En otras palabras, puede verse como una bandera que se inclina hacia abajo en una tendencia alcista y hacia arriba en una tendencia bajista.

Su entrenamiento termina dentro de un período medio, es decir, entre una y tres semanas. Por lo general, aparece a medio camino para completar el movimiento.

También debe decirse que si se trata de un movimiento bajista, el tiempo de perfección es menor y la cifra generalmente se completa en una o dos semanas. Precisamente porque se encuentra en medio del movimiento alcista o bajista, la cifra es importante para identificar los objetivos de precios. A partir de aquí, calcularemos el ancho del movimiento que precede a la bandera e informaremos esta distancia después de la ruptura de la línea de la banda de rodadura que delinea la figura.

El volumen también debe disminuir durante la formación de la figura y luego aumentar nuevamente cuando se rompe la línea de tendencia.

Entonces, veamos cómo usar la bandera y el banderín.

Los objetivos que se pueden identificar en relación con estas cifras son dos:

- El primero se determina proyectando el ancho de la base desde el punto de ruptura; aquí este objetivo asume menos importancia, si consideramos las dimensiones reducidas de la figura.
- En cambio, el segundo se puede obtener proyectando, desde el punto de ruptura, una

distancia equivalente a la recorrida por el movimiento que precedió a la formación del banderín.
- Esto significa que estas cifras a menudo se materializan alrededor de la mitad del movimiento general, dando una ventaja justa a nivel operativo.

La fase temporal de la debilidad del precio puede ser explotada para ingresar al stock o incluso simplemente para aumentar la posición tomada anteriormente, nuevamente utilizando un stop-loss mucho más bajo que el potencial de toma de ganancias.

La cuarta figura que explicaremos estará representada por el rectángulo.

Rectángulo

El rectángulo es el más simple entre las figuras propuestas por el análisis técnico.

Identifica una fase de congestión de precios. En Análisis Técnico, con este término nos referimos a una formación gráfica en correspondencia con la cual los precios oscilan dentro de un rango estrecho de valores. Este proceso tiene lugar cuando el mercado se mueve hacia los lados.

El patrón representa una zona de ruptura de la tendencia actual en la que los precios se mueven hacia los lados. Esto también da lugar al nombre de rango comercial o área de congestión, una cifra que representa un período de consolidación de la tendencia actual que se resuelve en la dirección de la tendencia que la precedió. Esto representa una figura fundamental, para identificar correctamente el patrón de continuación, si no también la observación de los volúmenes.

Además, para esta cifra alcista, los rebotes deben ir acompañados de grandes volúmenes, con las correcciones caracterizadas por volúmenes decrecientes. En el caso opuesto, en cambio, en el rectángulo bajista, están las correcciones para tener más volúmenes acentuados.

Muchos inversores, aprovechan las oscilaciones, vendiendo al máximo de la cifra y comprando al mínimo. Sin embargo, aquellos que utilizan este enfoque se arriesgan a no explotar la ruptura del patrón.

La cifra en cuestión suele tardar entre uno y tres meses en mejorar y el objetivo mínimo se representa con la traslación de la altura del rectángulo cuando el precio rompe la cifra.

Los precios se mueven dentro de una banda fija identificada por un soporte y resistencia como se muestra mejor en la siguiente figura.

Primer objetivo 1

Los rectángulos también pueden configurarse como figuras de inversión, dependiendo del contexto en el que se forman. Por lo tanto, es evidente cómo las fases de congestión identifican un momento en el que el mercado expresa una incertidumbre considerable y espera nueva información para decidir la tendencia futura. A diferencia de las fases de contracción (en las que la reducción continua de la volatilidad identifica de manera cada vez más precisa el momento en que el mercado recibirá la información que espera), una figura de congestión como el rectángulo no permite identificar con suficiente antelación el momento en que la ruptura se llevará a cabo.

Las señales operativas que esta figura puede proporcionar son básicamente de dos tipos:

- El primero requiere esperar la salida de los precios de la zona de congestión inicialmente identificada. Esta salida debe clasificarse necesariamente como una ruptura y, por lo tanto, debe caracterizarse por un aumento en los volúmenes y la volatilidad.

- El segundo paso operativo se deriva de la posibilidad de explotar el movimiento lateral de los precios para comprar cerca del soporte identificado y vender cuando los valores están cerca de la parte superior de la figura nuevamente.

Apoyo y resistencia

Permíteme ahora explicarte brevemente cuáles son los soportes y las resistencias.

El soporte se define como el nivel de precios en el que se encuentra, una detención de la tendencia a la baja en los precios. Una concentración excesiva de compras que ocurra en las cercanías de la misma causará un bloqueo en la tendencia a la baja en los precios.

Un nivel de soporte se define como confiable cuando muestra resistencia a "ataques" repetidos sin una ruptura bajista.

La Resistencia se define, en cambio, como el nivel de precio donde se detiene el crecimiento de la misma. En el caso de la Resistencia, la alta concentración de ventas impide la continuación del aumento.

Un nivel de resistencia, por el contrario, es más fuerte y más confiable, ya que resiste "ataques" repetidos sin un fallo ascendente.

Seguramente un mínimo o máximo histórico representa un nivel de Soporte o Resistencia Estratégica.

En consecuencia, la penetración o ruptura de los niveles de soporte o incluso la resistencia puede ser causada por:

- Cambios importantes en los valores fundamentales de una empresa (aumento de beneficios, cambios en la gestión, etc.).;
- de pronósticos simples basados en tendencias de precios en tiempos recientes; y
- Ambos niveles de apoyo y resistencia también pueden surgir de motivaciones exclusivamente de naturaleza emocional. Los soportes y las resistencias representan con gran simplicidad el encuentro / choque entre la oferta y la demanda.

De lo anterior queda claro que en la práctica, una ruptura o un evento en el que el precio sale de una tendencia, rompiendo un soporte o resistencia o un canal, por encima de un nivel de resistencia, evidencia un aumento en la demanda, derivado de más compradores, que están dispuestos a comprar a precios más altos que los actuales.

En el caso opuesto, en cambio, el desglose de un soporte muestra un aumento en los vendedores, y por lo tanto en la oferta, a medida que más vendedores están dispuestos a vender incluso a precios más bajos que los actuales.

Si se rompe un nivel de soporte, automáticamente se convierte en un nivel de resistencia, como si se rompiera un nivel de resistencia; se convierte en un nivel de apoyo. Este proceso se conoce como retroceso, que es un momento en el que un mercado con tendencia toma un descanso.

Las líneas de soporte y resistencia se pueden dibujar horizontalmente y luego hablaremos de soporte estático, donde el soporte corresponde a un punto preciso y constante en el tiempo; Oblicuamente y, en este caso, hablaremos de soporte dinámico, donde se dibuja una línea de tendencia con la variación de los precios y con el paso del tiempo.

La quinta figura, objeto de estudio, concierne al triángulo.

Triángulo

En el análisis técnico, el triángulo es una figura de consolidación y se utiliza para verificar la continuación de la tendencia principal. Este es un patrón que dura algunos meses cuando hay una pausa en la tendencia actual con precios que oscilan en un área cada vez más estrecha.

La figura tiene las siguientes características:

El triángulo debe tener un mínimo de cuatro puntos de reacción; dos superiores y dos inferiores; los primeros necesarios para trazar la línea de tendencia superior, los segundos necesarios para dibujar la línea de tendencia inferior.

El triángulo se caracteriza por un límite de tiempo para su resolución. Por lo general, los precios rompen el triángulo en un punto entre dos tercios y tres cuartos de la profundidad del triángulo.

Los volúmenes en la fase de formación de las ondas triangulares pierden fuerza y luego explotan cuando se rompe la línea de tendencia que delimita la figura.

El objetivo mínimo para las tendencias de precios se calcula proyectando la altura máxima del triángulo.

La figura en cuestión puede presentarse según tres estructuras diferentes:

- Triángulo simétrico que tiene las líneas de tendencia que lo delimitan que son convergentes.

Los precios tienden a moverse en un rango que gradualmente se vuelve más estrecho con el paso de las sesiones, debido a una reducción constante de los máximos, y también debido a una reducción constante de los mínimos.

- Triángulo descendente caracterizado por una línea de demarcación plana, la inferior, y por una línea de tendencia bajista, la superior.

En esta figura, habrá una mayor convicción por parte de los bajistas y se encuentra a menudo durante una tendencia a la baja.

La reducción en el rango dentro del cual se mueven los precios, ocurre solo gracias a un aumento en el mínimo, mientras que los máximos permanecen casi sin cambios.

Tal comportamiento evidencia la mayor presión de los compradores con respecto a los vendedores y atribuye a esta cifra un valor alcista.

Triángulo descendente

La figura representa una estructura simétrica, lo que dificulta su interpretación. En el tercer caso, por otro lado, hablamos de un triángulo ascendente, caracterizado por una línea superior de demarcación plana y una línea, la línea inferior ascendente. Este patrón indica una mayor fuerza de la tendencia alcista y se encuentra a menudo durante una tendencia alcista

Independientemente de la configuración, ya sea simétrica, ascendente o descendente, es posible calcular el objetivo de la figura, como el nivel que los precios deben alcanzar en la fase posterior a la ruptura.

Esto se calcula proyectando, desde el punto de ruptura, la "base" del triángulo, como el ancho máximo que registró la figura durante su formación.

La sexta figura en cuestión se refiere a la formación de la ampliación.

Ensanchamiento

Esto representa una figura bastante rara, clasificada como una variante del triángulo pero que presenta una apertura contraria, con líneas de tendencia divergentes. Es una cifra que se presenta al final de una tendencia, generalmente alcista.

La dinámica de los volúmenes es diferente de la de los triángulos, ya que el volumen se expande gradualmente junto con el aumento de la oscilación de precios.

La séptima cifra que vamos a examinar tiene que ver con el diamante.

Diamante

Además, el diamante como figura de inversión es uno de los más raros y uno de los menos fáciles de detectar. Gráficamente, el diamante está formado por una figura doble compuesta de una primera mitad que recuerda la forma de un ensanchamiento de una segunda mitad que se asemeja a un triángulo simétrico.

Un diamante puede presentarse en dos circunstancias:

- al final de una tendencia alcista; y
- Al final de una tendencia bajista.

En el primer caso, lleva el nombre de "Diamond Top", y viceversa, nos enfrentaríamos a un "Diamond Bottom".

La figura no siempre se desarrolla simétricamente. A menudo, la segunda mitad se prolonga en el tiempo más que la primera.

Por su naturaleza el diamante necesita fases de mercado muy dinámicas. La figura del Diamante también puede ocurrir durante las rupturas simples de la tendencia.

Por esta razón, es más fácil encontrar el diamante en el pico de una tendencia alcista antes de una reversión bajista en lugar de al revés.

La dinámica de los volúmenes va de la mano con la de los precios. Es decir, si los volúmenes aumentan, los precios aumentan, en la segunda mitad, sin embargo, los precios bajan y, en consecuencia, también los volúmenes.

Hay 4 elementos básicos para identificar la formación:

- una fase inicial de expansión de precios;
- un máximo;
- un mínimo;
- una fase de contracción del precio.

El patrón solo se completa cuando el soporte o la línea de resistencia se rompen y un retroceso a la línea de tendencia violada no siempre ocurre.

El precio mínimo objetivo es igual a la distancia vertical máxima entre las dos partes extremas de la figura proyectada en la parte inferior (o en la parte superior) con respecto al punto de ruptura del soporte o la resistencia.

Es posible, incluso para el diamante, calcular un precio objetivo.

Es suficiente proyectar el ancho máximo de la figura y el proyecto comienza desde el punto donde ocurrió la ruptura.

En el caso de que se configure como una figura de continuación, también es posible derivar un segundo objetivo, proyectando el ancho del movimiento que precedió al comienzo del diamante, desde el punto de la ruptura final (puntos de ruptura del diamante)

La octava figura que examinemos será una figura lo suficientemente difícil de examinar y representa el redondeo y el pico.

Redondeo y pico.

Esto representa una de las muchas figuras de inversiones, que se presenta como un movimiento lento y gradual en los mínimos, que primero tendrá un ligero descenso, luego lateral y luego mostrará un movimiento creciente.

El patrón es uno de los más lentos de todos los análisis gráficos y generalmente es identificable en gráficos a largo plazo.

Es realmente difícil establecer el momento preciso en que la figura puede considerarse completa, si no después de los primeros aumentos sustanciales. Aún más difícil, será identificar objetivos ascendentes.

Spike también es muy especial. Las cifras en cuestión muestran, sin ningún período de transición, una reversión repentina de las citas. Una inversión acompañada de una explosión de volúmenes.

Debido a sus características, la figura en cuestión es difícil de identificar por adelantado.

Doble superior y doble inferior

Además, esto cae en las categorías de las cifras de inversión, que recordamos son figuras gráficas particulares que anuncian una inversión de la tendencia actual. La figura en cuestión resulta ser una figura muy común en el análisis gráfico y, junto con otras figuras, las figuras de doble fondo y doble superior se encuentran entre las formaciones más comunes y reconocibles.

Explicamos brevemente en dos pasos esenciales, su funcionamiento;

1. El mínimo doble se encuentra en el pico de una tendencia bajista y se configura como mínimo, un

rebote subsiguiente y una caída posterior al nivel del mínimo anterior. El ascenso que sigue, si se rompe al alza y con volúmenes el máximo anterior, lleva a la finalización de la figura. El patrón, debido a su forma, también se denomina formación en W. Los volúmenes crecen durante la formación del primer mínimo, bajan en el siguiente rebote y luego aumentan nuevamente durante el movimiento ascendente que completa la figura.

Básicamente, por lo tanto, se realiza el doble mínimo, siguiendo una clara tendencia bajista, en la que los precios prueban dos veces un umbral de precios, pero sin poder superarlos. Esto determina la realización de dos mínimos ligeramente espaciados en el tiempo, doble mínimo y doble máximo.

1. Además, las características del doble máximo son las mismas, pero el patrón tiene un desarrollo secularmente opuesto. El tope doble está a la altura de una tendencia alcista y está configurado como máximo, una caída consecuente y un rebote posterior hacia el máximo anterior.

El doble máximo se logra cuando, luego de una fuerte tendencia alcista, los precios prueban dos veces un umbral de precio, pero sin poder superarlos, determinando la formación de dos máximos. Los volúmenes crecen en la formación de la primera subida, permanecen más bajos en la formación del segundo máximo y luego aumentan notablemente en el momento de la perforación de la línea trazable a partir del mínimo anterior.

En ambas figuras es posible observar un retorno de los precios al nivel de terminación del patrón, en un retroceso similar al de la cabeza y los hombros que veremos más adelante, antes del inicio definitivo de la nueva tendencia, alcista en el Mínimo doble y bajista en el doble máximo. Este retroceso viene acompañado de pequeños volúmenes.

La medición del objetivo mínimo hacia arriba (o hacia abajo) se calcula calculando la distancia entre la línea que une los dos mínimos (o los dos máximos) y el primer máximo (o mínimo) relativo y proyectando este valor desde el punto de perforación hacia arriba o hacia abajo .

En esencia, el mínimo mínimo o el doble máximo es, sin embargo, una formación gráfica con un grado de fiabilidad más bajo que otras cifras de inversión, tanto porque no siempre es detectable con suficiente certeza, y porque a menudo ocurre en condiciones de volatilidad tan altas que Permitir la identificación de una ruptura válida.

Triple superior y triple inferior

El triple máximo y el mínimo mínimo también son cifras de inversión, definidas como variantes de la cabeza y los hombros, pero a diferencia de los anteriores, los tres máximos y los tres mínimos se colocan a la misma altura.

Los volúmenes a considerar, en el triple mínimo que corresponden a cada aumento, comenzando desde un mínimo, van acompañados de volúmenes decrecientes. El patrón se completa cuando la línea obtenida al unir el último máximo con volúmenes extremadamente altos se rompe hacia arriba, el triple máximo

En el triple máximo, cualquier corrección descendente a partir de un máximo está acompañada por una disminución de los volúmenes y, por consiguiente, se puede decir que la cifra está completa, cuando el nivel obtenido al unir los últimos mínimos se viola a la baja con volúmenes en gran crecimiento. Sin embargo, en el mínimo triple, el objetivo mínimo es común al que se usa para la cabeza y los hombros, una figura que veremos en breve, si no también, igual al doble mínimo y al doble máximo, según la altura de la figura.

Cabeza y los hombros

Esta es también una figura de inversión y es uno de los patrones gráficos más confiables. Según algunos autores, la figura en cuestión es la más poderosa entre todas las que se encuentran en una tabla.

En un gráfico, la cabeza y los hombros constan de tres aumentos consecutivos, intercalados con dos inversiones bajistas. El segundo aumento es generalmente más robusto que los otros y representa las cabezas. El primero y el tercero representan los hombros y son menos pronunciados que la cabeza. La terminación de la figura se obtiene perforando la línea, uniendo los dos mínimos de reacción, llamada Neck-line. La lógica que subyace a la formación es simple. El precio no puede confirmar su fortaleza, no crea nuevos máximos y la tendencia se deteriora. La sucesión de altibajos ascendentes, una dinámica fundamental para definir una tendencia alcista, está condicionada.

Durante la primera fase se produce la formación de un máximo acompañado de volatilidad y altos volúmenes. Después de un retroceso parcial, los precios alcanzan un nuevo máximo, sin embargo, registrando una reducción en los volúmenes. Después de un nuevo retroceso, los precios hacen un nuevo máximo relativo, más bajo que el anterior y acompañado de volúmenes reducidos.La terminación de la figura requiere la ruptura de la línea del cuello, que coincide con la línea recta que une los dos puntos en los que los precios han retrocedido parcialmente (2 y 4). Al romperse la volatilidad y los volúmenes vuelven a ser altos. El momento de ruptura puede ser seguido por un retroceso, es decir, un movimiento de retorno de precio cerca del cuello (que, en esta fase, asumirá el papel de resistencia).

La línea que une la base formada por los dos mínimos de reacción es fundamental. Esta línea también se denomina "escote", y su importancia se deriva del hecho de que la cifra se completa solo cuando el precio profundiza este nivel hacia abajo.

El cuello suele ser horizontal o inclinado en la misma dirección que la tendencia a invertir. En este último caso tiene mayor valor.

Generalmente, después de que se rompe el cuello, hay un movimiento de precios que regresan hacia el cuello mismo, en una dinámica llamada "retroceso". Si los precios no regresan por encima de la línea del cuello, se completa la confirmación de la perfección de la figura.

Operacionalmente, es posible cerrar las posiciones largas en la ruptura de la línea de tendencia de la tendencia alcista que une los mínimos ascendentes en la parte inferior de la cabeza, pero antes de abrir cualquier posición corta, se espera una ruptura brusca de la línea del cuello.

La "cabeza y hombros" se puede configurar tanto como una figura bajista como una figura alcista: en el segundo caso, los tres máximos descritos anteriormente se reemplazarán por tres mínimos, pero la evolución de la figura, también desde el punto de vista de Volúmenes y volatilidad - seguirá siendo el mismo. El objetivo puede calcularse proyectando el ancho de la figura (coincidiendo con la distancia entre la "cabeza" y la línea del cuello) desde el punto de ruptura. Entre las cifras de inversión, la "cabeza y hombros" es quizás la que, una vez completada, proporciona el mayor grado de fiabilidad, determinando el logro del objetivo en un tiempo bastante corto.

En el desarrollo de la cabeza y los hombros, la dinámica de los volúmenes es un aspecto fundamental. Los tres máximos, el hombro izquierdo, la cabeza y el hombro derecho, deben tener volúmenes bajos. Para dar una confirmación más fuerte a la perfección de la figura, la ruptura del escote debería ocurrir con volúmenes en explosión, mientras que los del posible retroceso deberían volver a disminuir con un aumento en el movimiento descendente posterior.

La reputación de la cabeza y los hombros también se debe a su capacidad para dar al analista gráfico objetivos de precios precisos, una característica que nos permite saber ya en el momento de la entrada en la posición cuáles serán las ganancias probables de la operación, pero también lo que hará. Ser los riesgos relacionados. También se pueden posicionar los stop loss necesarios para defender sus inversiones.

Por lo tanto, vemos que el primer objetivo mínimo viene dado por la proyección hacia abajo de la distancia calculable entre la línea del cuello y el vértice de la cabeza, mientras que el segundo objetivo se obtiene al agregar al primer objetivo la extensión del hombro derecho.

La variante de cabeza y hombros es la cabeza invertida del hombro, una poderosa figura de inversión que se puede encontrar en los mínimos del mercado y al final de una tendencia bajista o alcista.La figura en cuestión, está formada por tres mínimos consecutivos, donde el segundo mínimo es más extenso que el primero y el tercero. Además, en este caso, la tendencia actual se deteriora entre la cabeza y el hombro derecho.

El resultado es la falta de la característica principal de una tendencia bajista, es decir, la de la alternancia entre las caídas más bajas y más altas.

Capítulo 12 :
Indicadores a considerar antes de invertir

Los comerciantes e inversores en el mercado de valores utilizan diferentes técnicas para elegir los valores para invertir. Algunos hacen un mayor uso del análisis técnico, otros del análisis fundamental.

Para elegir las acciones en las que invertir, especialmente si tienes la intención de hacerlo durante un período medio-largo, es bueno usar ambos tipos de análisis.

El análisis fundamental hace posible evaluar una acción, entendiendo así el valor subyacente real de la acción. El análisis técnico, por otro lado, nos permite entender cuál es la mejor entrada y los puntos de salida de una acción y, a menudo, refleja la evaluación del análisis fundamental.

Además, al combinar los dos tipos de análisis de mercado, no solo se pueden analizar los gráficos, sino también estudiar la tendencia histórica de una inversión.

De hecho, es importante conocer tanto la tendencia de los precios en el momento en el que estás negociando como comprender los cambios del pasado.

En este capítulo, ilustramos los parámetros de análisis fundamentales que deben tenerse en cuenta al elegir un stock y verás cómo el análisis técnico puede ayudarte a subir o bajar el precio de una acción.

Cómo elegir una acción para invertir.

Como se anticipó, es preferible, en el mercado de valores, usar ambos análisis, porque juntos proporcionan una imagen más clara para la elección de una acción.

A partir del análisis fundamental, los parámetros en los que se basará la elección de un título son los siguientes:

- ROE y ROA (o ROI)
- la relación precio / ganancias (P / E) y EPS (ganancias por acción)
- La relación precio / valor del libro (P / BV).
- Noticias, gestión de calidad y visibilidad del título.

Analicemos cada uno de estos aspectos en detalle, para crear un contenido completo que pueda guiar incluso a los menos experimentados en la elección de acciones.

El operador de la bolsa que se compara con el mercado de valores para elegir una acción inicialmente busca ROE (Return on Equity). Este indicador financiero ofrece al comerciante la oportunidad de evaluar la tasa de rendimiento del patrimonio, es decir, la parte de los estados financieros que remunera a los accionistas.

Los altos niveles de ROE, tanto actuales como futuros, indican que la compañía que emite la garantía puede garantizar un alto rendimiento para los inversores.

Sin embargo, el único uso de ROE puede ser engañoso, ya que no tiene en cuenta el nivel de endeudamiento. Por definición, la equidad es la diferencia entre el total de activos y pasivos.

Si los pasivos aumentan, el denominador del ROE tenderá a disminuir, lo que elevará el valor general. Luego, los operadores generalmente comparan el ROE con el ROA (Retorno sobre Activos) que nos dice qué tan rentables son los activos de la compañía.

Los valores altos de ROE y ROA indican que el crecimiento de ROE es verdadero, ya que [ROA] toma en cuenta los pasivos en el denominador que, a medida que aumenta el número, tenderá a aumentar, comprimiendo así el porcentaje de ROA.

El P / E y el EPS

Junto con el ROE y el ROA, también analizamos el P / E y el EPS. El P / E es la relación entre el precio de las acciones y el EPS, como el beneficio generado por la compañía por cada acción pendiente.

El P / E cae en la categoría de "comparables", aquellos parámetros que pueden compararse con los de empresas similares o del sector. Algunos operadores tienden a comparar el P / E de una empresa con el del sector pero cometiendo un error.

De hecho, no podemos comparar el P / E con el promedio matemático simple del sector de referencia, ya que este último incluye el P / E de compañías que, por estructura y rentabilidad, no son similares a las analizadas.

Por lo tanto, es bueno comparar el P / E con el de compañías similares en lugar del sector
promedio. Entonces, cuando hagas tu análisis, ten cuidado de no caer en esta trampa.

En cambio, el EPS es el denominador del P / E. Si el P / E cae mientras el EPS aumenta, es la situación ideal (suponiendo que el ROE y el ROA sean óptimos).

Esto se debe a que indica que el precio de la acción no refleja el crecimiento de las ganancias, por lo que muestra una subestimación del mercado en la seguridad en cuestión.

El P / BV

Para dar una prueba más de la bondad del análisis, el P / BV interviene (precio / valor contable). Si el ROE crece estructuralmente bien (como que no hay desviaciones causadas por el aumento de la deuda) y el P / BV es bajo, hay una sugerencia adicional de subestimar el stock a elegir.

Esto se debe a que el precio no está absorbiendo el crecimiento del valor en libros (patrimonio) que es la parte del balance que interesa al inversionista en acciones.

El esquema a elegir.

Para resumir, entonces, la fórmula de análisis fundamental que permite la elección óptima de una acción es:

ROE y ROA altos actuales y futuros;

- P / E relativamente bajo en comparación con la competencia y el crecimiento de EPS;
- Bajo P / BV (también comparable con competidores del sector)

Noticias de impacto

Otro punto que concluye el análisis fundamental de una acción es la noticia que circula en la empresa emisora y en el sentimiento del mercado hacia la administración. Si decidimos invertir en una acción, es bueno echar un vistazo a las noticias recientes de la compañía.

Las noticias positivas generalmente reflejan el sentimiento del mercado hacia la compañía, lo cual es una buena señal para futuros incrementos en la seguridad en cuestión. La evaluación de las habilidades de gestión también es una buena idea, ya que si los líderes de la empresa son percibidos positivamente por el mercado, esto tendrá una actitud positiva hacia las opciones de los gerentes y especialmente hacia las acciones.

Finalmente, considera dónde se encuentra la acción. Si estamos hablando de compañías de pequeña capitalización, en fases del mercado que no están en riesgo, el título no puede ser más alto. Esto se debe a que las acciones listadas en índices más pequeños disfrutan de menos visibilidad debido a la inclusión en índices de menor importancia.

Todo esto luego de 3 meses, esto se debe a que la metodología ilustrada se aplica bien a períodos medios pero también bastante cortos. Finalmente, observa el grado de correlación de la seguridad en cuestión con el índice de referencia, comparando la fortaleza relativa de las acciones a elegir con la de la lista de precios.

Si el stock muestra una resistencia relativa al índice, significa que el stock que estamos eligiendo tiene una tendencia no vinculada con la del índice de referencia, lo que indica que su resistencia es segura incluso en tiempos que no son óptimos en el índice de cotización.

Capítulo 13 :
Cómo diversificar la inversión.

Una pregunta válida que todos los inversores se hacen. Después de todo, debemos comenzar a hacerlo: ¿por qué es importante diversificar las inversiones? Simple: reducir riesgos. No hace falta decir que invertir en varios activos diferentes implica una mejor distribución del

riesgo. Entonces, si, por ejemplo, una acción es una pérdida, siempre tendremos la esperanza de que un metal precioso esté en aumento.

A continuación, trataremos de ofrecer una imagen completa sobre cómo diversificar las inversiones, para así comprender mejor por qué es importante diversificarlas.

¿Por qué es importante diversificar? Hemos dicho que esta práctica es útil para reducir los riesgos de inversión. El mundo actual está globalizado, por lo que incluso las bolsas de valores están conectadas entre sí de una manera extrema. Por lo tanto, la crisis de un intercambio lleva consigo a todos los demás. Además, el mundo de hoy , especialmente desde la década de 1990 con el colapso del Muro de Berlín, se ha vuelto económicamente muy variable e impredecible. La lógica que impulsa la diversificación responde a la imposibilidad de conocer de antemano el desempeño futuro de nuestras inversiones. Una variable en la que, sustancialmente, se encuentra el riesgo de cada inversión. La idea básica de minimizar los riesgos derivados de esta incertidumbre consiste en dividir sus inversiones en diferentes proyectos, y así distribuir el riesgo vinculado al rendimiento de las inversiones individuales.

Además, cada activo está vinculado a múltiples variables. Por ejemplo, las acciones están estrechamente relacionadas con el desempeño de una empresa, que a menudo también oculta su situación financiera real. Como en las materias primas agrícolas, en las que una bacteria destruye el cultivo causando un colapso. Respecto a la extracción de petróleo, solo el desastre de una plataforma o una huelga de los trabajadores para provocar el colapso del rebaño y qué pasa con un golpe de estado o con resultados electorales inesperados.

¿Cómo diversificar tus inversiones?

Antes de encontrar una respuesta, es necesario comprender que las inversiones se dividen en 5 grandes áreas:

1. Valores.

Área que consta de todas las acciones, fondos, fondos cotizados (ETF), valores individuales.

2. Bienes raíces.

Esta área incluye instrumentos financieros relacionados con bienes inmuebles.

3. Productos básicos.

Para los productos básicos nos referimos a todos aquellos productos relacionados principalmente con el suelo, luego los cultivables. Como el café, el cacao, el azúcar, la soja, el trigo. Pero también, al subsuelo, como los campos de energía como el petróleo, el gas, etc.

4. Metales preciosos

Los metales preciosos incluyen, como se puede adivinar, oro, plata y platino.

5. Cautiverio

Los bonos incluyen tanto títulos del gobierno como bonos emitidos por compañías privadas.

Invertir significa hacer elecciones precisas y seleccionar un activo en lugar de otro. Si invierto en propiedad de acciones, significa que estoy deduciendo dinero de los otros 4 mercados.

Sin embargo, siempre se debe tener en cuenta que el dinero es algo infiel. Porque si hoy está dirigido a un tipo de inversión, mañana se moverá hacia otro. Entonces, si hoy los metales preciosos son buenos, tarde o temprano iremos a las materias primas. Para mañana, obviamente, queremos decir después de unos años. Así que es como un compromiso de unos años. Pero cuando cambia de socio, termina traicionando a miles de millones de personas que creían en esa área de inversión. Y cada vez es un duro golpe, porque los valores colapsan.

La historia está llena de tales traiciones. En 2007, por ejemplo, pasó a propiedades y acciones. Y este último también colapsó en el 2000. En 1980, sin embargo, fue el turno del oro. Por supuesto, las historias de amor también se prolongan, como la del mercado de valores que comenzó en 1984 y llegó hasta 2000. O como la que se inició en el año 2000 hasta 2007 en bienes raíces. Recientemente, sin embargo, el dinero parece haberse unido a los metales preciosos.

Por lo tanto, el dinero se mueve cíclicamente e incluso se puede "enamorarse" de más áreas de inversión, lo hará más claramente hacia un área.¿Cómo defenderse de la volatilidad del mercado? Seguramente preguntate y capacitate lo más posible, lee las noticias económicas, observa los países en los que puedes invertir (considerando su estabilidad económica y política, por ejemplo) o las empresas en crecimiento. Por lo que es recomendable confiar en un asesor financiero confiable para construir tu cartera en conjunto.

¿Cuáles son los mejores activos para diversificar las inversiones? Los expertos generalmente colocan a MTB (acrónimo de bonos del tesoro de varios años) en primer lugar, aunque el mercado de cupones del estado está en constante evolución. En este momento histórico, es preferible invertir pequeñas cantidades a largo plazo. Sin embargo, vale la pena destacar que estos valores siguen siendo la inversión más segura hasta la fecha, permitiendo un retiro regular de cupones con devoluciones.

Si, por el contrario, deseamos resultados más rápidos y más sustanciales, entonces se recomienda el mercado de valores. Sin embargo, hay que decir que los grandes rendimientos también corresponden a riesgos de inversión mucho más altos. Por lo tanto, debemos reflexionar perfectamente cuánto invertir y en qué instituciones o empresas. Las propiedades aún deben evitarse, ya que, después de la burbuja de la última década, han perdido valor. Aunque, también debe agregarse que el mercado cree que cuando el precio cae es el momento adecuado para comprar. Sólo para obtener una entrada mensual regular a través del alquiler. O vender cuando el mercado vuelva a ser alcista.

Los bonos son otra alternativa, pero deben estar "garantizados" y no están sujetos al desempeño de las compañías a las que están afiliadas. Finalmente, el oro es siempre un buen refugio, al igual que otros materiales preciosos o pinturas valiosas.

¿Cómo diversificar nuestras inversiones a través de ETF? Muchos inversionistas creen, ingenuamente, que es suficiente aumentar el número de inversiones para mejorar la diversificación de la cartera. Pero esta es una simplificación peligrosa. Si invertimos nuestros ahorros en valores individuales, ya sean acciones o bonos, se debe aumentar la cantidad de productos que se incluirán en la cartera para minimizar el riesgo asociado con cada una de las inversiones realizadas.

Por otro lado, si invertimos nuestros ahorros en fondos mutuos activos, o fondos pasivos como los ETF, podemos lograr una gran diversificación al reducir el número de instrumentos. Cada fondo (o ETF) es de hecho un contenedor de instrumentos financieros , por lo que con unos pocos productos podemos dividir nuestra cartera en cientos de valores diferentes.

Las principales características de los ETF's son:

- Manejo pasivo
- Su cotización en bolsa como acciones y bonos.

Con el primero se pretende que su rendimiento esté estrechamente relacionado con la cotización de un índice bursátil y no con la capacidad de compra y venta del gestor del fondo. El índice de acciones puede ser capital, materias primas, bonos, monetarios u otros. El trabajo del administrador se limita a verificar la consistencia del fondo con el índice de referencia. Pero también corregir el valor en caso de desviaciones. La diferencia entre el precio del fondo y el del índice de referencia es del orden del 1 o 2%.

Por lo tanto, la "gestión pasiva" hace que los ETFs sean muy baratos, a lo que se agrega su gran o gran diversificación y sus operaciones con acciones. Todo esto los hace competitivos en comparación con invertir en acciones individuales y menos riesgosos. Sin embargo, también hay una falta de apalancamiento de nivel especulativo , invertido o invertido.Los ETF son muy convenientes ya que permiten invertir en muchos sectores económicos: liquidez, índices de bonos, mercados geográficos de acciones, materias primas, sectores de materias primas.

Ejemplo de diversificación de inversiones.

Supongamos que tenemos un capital de inversión de 500 euros. Y así decidimos diversificar las inversiones en partes iguales entre los 5 activos. Ahora digamos que para cada activo la tendencia fue la siguiente:

Stocks: + 7%

Propiedades: - 6%

Productos básicos: - 10%

Metales preciosos: + 21%.

Bonos: + 3%

Ahora, al realizar un cálculo de los 100 euros invertidos por activo, obtendremos los siguientes resultados: € 107 + € 94 + € 90 + € 121 + € 103 = € 515 total

Por lo tanto, habremos ganado € 15 o 3% en nuestro capital invertido inicial. ¿Cómo se debe considerar nuestro resultado? Depende de nuestras ambiciones. Si jugamos para no perder, seguramente estaremos satisfechos. Si somos comerciantes que estamos contentos con poco, estaremos satisfechos. Si, en cambio, hacemos un cálculo más general, tal vez considerando un aumento en los gastos personales durante el año, etc., tendremos una media reacción: no hemos perdido, pero tampoco hemos ganado. Si, por el contrario, somos comerciantes expertos, entonces ese 3% nos parecerá miserable. Finalmente, si somos comerciantes que queremos impulsar nuestras ganancias, entonces estaremos completamente insatisfechos. Y pensaremos que tal vez haber invertido solo en metales preciosos nos hubiera permitido ganar 605 euros.

Todo esto para decir que la respuesta a la pregunta de nuestra satisfacción o no depende de nosotros, de nuestras ambiciones pero, por supuesto, también de nuestra formación. De hecho, si somos principiantes, está claro que, por temor, tenderemos a distribuir nuestro dinero por igual. Pero si tenemos la experiencia y la capacitación adecuadas sobre el tema, tendremos la nariz para invertir solo en uno o dos activos y aquellos que consideraremos como los ganadores.

Conclusión

Gracias por llegar al final de Invertir en el Mercado de Valores para principiantes: Estrategias y tácticas simples y comprobadas para convertirse en un inversionista inteligente con rentabilidad comercial siguiendo los trucos detras del comercio hacia el éxito y la fortuna. Esperemos que sea informativo y capaz de proporcionarte todas las herramientas que necesitas para lograr tus objetivos financieros.

El siguiente paso es comenzar a aplicar lo que haz aprendido durante el curso de este libro y comenzar de inmediato. Nuestra sugerencia es siempre abrir una cuenta de demostración en un corredor y hacer algunos intentos, antes de poner dinero real en ella. Recuerda que nunca debes arriesgar más de lo que puedes permitirte perder, así que administra tu capital de manera inteligente.

Esperamos que encuentres estas lecciones valiosas y que obtengas la información que estabas buscando. Dejar que tu dinero trabaje para ti mismo te dará una sensación increíble, especialmente al principio, cuando obtengas las primeras ganancias. Estamos encantados de que comiences y no podemos esperar a ver tus resultados.

Muestra de audio al por menor

¿Estás buscando crear un trabajo de medio tiempo que implique ingresos pasivos para aumentar tu salario actual? ¿Aspiras convertirte en un comerciante rentable, renunciar a tu trabajo y obtener libertad financiera?¿O ya eres un inversor y simplemente necesitas algunos consejos para ayudarte a aumentar tu confianza en las decisiones que tomas al invertir?

Bueno, entonces has venido al lugar correcto! El mercado de valores es un enfoque muy rentable para generar ingresos pasivos y gradualmente acercarse al éxito financiero.

Es increíble la cantidad de riqueza que puede acumularse invirtiendo en el mercado de valores. Sin embargo, es aún más fascinante ver que los inversores promedio pierden dinero en un ciclo anual. ¿Por qué? Porque el mercado de valores es rentable solo si conoce las estrategias correctas con la mentalidad correcta.

Y, por supuesto, no hace falta decir que invertir dinero en el mercado de valores sin conocimientos es igual a jugar a la ruleta o la lotería, ¡es un juego de azar!

Este libro nació de la idea de crear un curso intensivo que podría ayudar a un principiante a evitar errores comunes y poner pies en el mercado sin caerse. No es un secreto que los mejores inversores aplican diferentes técnicas que aquellos que están luchando. El objetivo del libro es difundir la información correcta y dar una visión general adecuada de qué funciona y qué no funciona cuando se invierte en el mercado de valores.

Durante el curso de este libro, aprenderás:

- Qué es el mercado de valores y por qué es una mina de oro para quienes saben qué hacer.
- Los términos más importantes en un diccionario simplificado.
- 7 Estándares una acción que se debe cumplir para representar una buena oportunidad (muy importante).
- El poder del apalancamiento y cómo pueden ayudar los inversores con un pequeño capital.
- La diferencia entre Análisis Fundamental y Análisis Técnico.
- 10 errores comunes cometidos por los principiantes y cómo evitarlos.
- La forma correcta de diversificar una cartera y por qué es importante (no es lo que estás pensando)
- Cómo establecer la mentalidad correcta a través del enrutamiento diario para convertirte en un inversor inteligente

- Y mucho más...

Mucha gente deja su fortuna en manos de un experto. Al hacerlo, están perdiendo GANANCIAS sorprendentes que podrían ganar siguiendo las estrategias adecuadas que este libro ofrece. En serio, puedes ganar mucho más de lo que un fondo mutuo podría garantizarte.

Es importante tener en cuenta que el libro no ofrece "obtener soluciones rápidas que te enriquezcan". El dinero fácil no existe, especialmente en las primeras etapas.Sin embargo, al estudiar el material proporcionado y aplicarlo con diligencia, es posible comenzar con éxito en cuestión de semanas.

Como puedes ver, hay mucho de qué hablar. No te preocupes, todo se explicará con términos simples y una estructura fácil de seguir.

Entonces, ¿estás listo para comenzar tu viaje de inversión?

¡DESPLAZA LA PÁGINA Y HAZ CLIC EN EL BOTÓN DE COMPRA AHORA!

www.ingramcontent.com/pod-product-compliance
Ingram Content Group UK Ltd.
Pitfield, Milton Keynes, MK11 3LW, UK
UKHW022226230426
12048UKWH00016BA/1086